YBEP
중국어국제학습연변대학센터

중국 연변교육출판사
중국어국제학습연변대학센터

펴낸날 2014년 1월 10일
펴낸이 한명웅
펴낸곳 중국 연변교육출판사
감 수 이형석 한국 중앙대학교 인문대학교 중어중문과 교수
안국봉 중국 중국어국제학습연변대학센터 교수
김춘근 중국 연변교육출판사 교재연구개발센터 교수
지은이 장철남 양춘광 문옥란 김해영
그림 공시운 이동국 전설화 장향희
표지 디자인 전설화
내용 디자인 전설화
진행 남애순
인쇄 우일프린테크 | **제본** 우일프린테크
등록번호 제 313-2012-144 호
한국지사 주소 서울시 마포구 독막로 320 (도화동 태영데시앙 803호)
전화 02)3272-6524 | **팩스** 02) 3272-6525
본사 주소 중국 길림성 연길시 우의로 363호
전화 (86)433-2913954 **팩스**(86)433-2913932
ISBN 978-89-97964-28-4 ISBN 978-89-97964-26-0(세트)

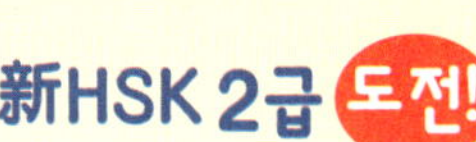

워크북 워크북1권+오디오CD1장

Work Book

- 다양한 연습문제로 메인북 내용을 복습합니다.
- 한자를 획순에 따라 쓰면서 익힐 수 있습니다.
- 본문 내용을 바탕으로 한 모의문제로 신HSK2급 시험을 체험해 봅니다.

오디오 CD

- 중국 원어민 선생님의 녹음으로 생동감 있는 듣기 연습을 할 수 있습니다.

메인북 메인북1권+전자북CD1장

Main Book

- 신HSK2급 시험요강을 바탕으로 중국어 일상회화를 쉽고 재미있게 배울 수 있습니다.
- 본문에서 배운 회화를 읽기, 듣기, 말하기 연습을 하면서 익혀 봅니다.

전자북 CD

- 컴퓨터에 전자북CD를 넣어보세요. 생생한 화면과 중국 원어민의 발음으로 혼자서도 중국어 공부를 할 수 있습니다.

차례

1 每天早上几点起床

1 녹음을 잘 듣고 알맞은 그림에 체크해 봅시다. 01-1

① ②

③

2 녹음을 잘 듣고 '보기'처럼 알맞은 답에 체크해 봅시다.

보기	zuǒbian A 左边 ✓	yòubian B 右边	qiánbian C 前边
①	zǎoshang A 早上	zhōngwǔ B 中午	wǎnshang C 晚上
②	qǐchuáng A 起床	shàngxué B 上学	fàngxué C 放学
③	xǐ liǎn A 洗脸	shuā yá B 刷牙	chī fàn C 吃饭

3 알맞은 낱말을 골라 넣어 문장을 완성해 봅시다.

A 比 bǐ　B 每 měi　C 左右 zuǒyòu　D 小时 xiǎoshí

Wǒ měi tiān wǎnshang 7 diǎn ______ chī fàn.
① 我每天晚上7点______吃饭。

Gēge ______ wǒ dà liǎng suì.
② 哥哥______我大两岁。

Wǒ ______ nián dōu dào Shànghǎi de nǎinai jiā qù.
③ 我______年都到上海的奶奶家去。

Wǒ 6 diǎn qǐchuáng, bǐ nǐ zǎo yí ge ______.
④ 我6点起床，比你早一个______。

4 서로 어울리는 문장의 알파벳을 네모칸 안에 써넣어 봅시다.

Nǐ hé tā shéi dà?
① 你和他谁大? ☐

Wǒ jiǔ diǎn shuìjiào. Nǐ ne?
② 我九点睡觉。你呢? ☐

Nǐ shuā yá le ma?
③ 你刷牙了吗? ☐

Nǐ shénme shíjiān qǐchuáng?
④ 你什么时间起床? ☐

Huǒchē shénme shíjiān dào zhàn?
⑤ 火车什么时间到站? ☐

Liù diǎn zuǒyòu qǐchuáng.
A 六点左右起床。

Tā bǐ wǒ dà yí suì.
B 他比我大一岁。

Wǒ bǐ nǐ wǎn shuì yí ge xiǎoshí.
C 我比你晚睡一个小时。

Bàn ge xiǎoshí hòu dào zhàn.
D 半个小时后到站。

Méiyǒu, wǒ xǐ liǎn le.
E 没有，我洗脸了。

5 그림을 보고 문장을 완성해 말해 봅시다.

①

______比______大。(bǐ dà.)

______比______小。(bǐ xiǎo.)

②

Jiějie bǐ dìdi dà
姐姐比弟弟大______。

Dìdi bǐ jiějie xiǎo
弟弟比姐姐小______。

③

Tā bǐ tā wǎn shuì
她比他晚 睡________。

Tā bǐ tā zǎo shuì
他比她早 睡________。

6 획순에 따라 한자를 써 봅시다.

měi 每: ノ 𠂉 𠂉 𠂉 每 每 每

每	每	每		

zǎo 早: 丨 冂 日 日 旦 早

早	早	早		

diǎn 点: 丨 ⺊ 𠁼 占 占 点 点 点 点

点	点	点		

bǐ 比: 一 ⺊ 𠤎 比

比	比	比		

2 为什么没来上课

1 잘 듣고 그림과 일치하면 √, 아니면 X로 표시해 봅시다.

2 서로 어울리는 대화와 그림을 연결해 읽어 봅시다.

Dào yīyuàn kànguo yīshēng ma?
A:到医院看过医生吗?

Kànguo, hái mǎile xiēyào.
B:看过，还买了些药。

Nǐ kànguo zhè běn shū ma?
A:你看过这本书吗?

Kànguo, zhè běn shū hěn hǎo.
B:看过，这本书很好。

Chīwán fàn hòu nǐ xiǎng zuò shénme?
A:吃完饭后你想做什么?

Wǒ xiǎng qù kàn diànyǐng.
B:我想去看电影。

Nín xǐwán yīfu le ma?
A:您洗完衣服了吗?

Hái méi xǐwán.
B:还没洗完。

3 '보기'처럼 그림을 보고 말해 봅시다.

méi lái shàngkè/shēngbìng
没来上课/生 病

보기

Tā wèi shénme méi lái shàngkè?
A:她为什么没来上课?

Yīnwèi tā shēngbìng le, suǒyǐ méi lái shàngkè.
B:因为她生 病 了，所以没来上课。

① 

méi chī zǎofàn/méiyǒu shíjiān
没吃早饭/没有时间

② 

bú shuìjiào/xiǎng kàn diànshì
不睡觉/想 看电视

4 획순에 따라 한자를 써 봅시다.

wèi 为: 丶 ソ 为 为

为 为 为

shén 什: 丿 亻 仁 什

什 什 什

me 么: 丿 𠃋 么

么 么 么

yīn 因: 丨 冂 冃 円 因 因

因 因 因

3 生日是怎么过的

1 녹음을 잘 듣고 알맞은 그림에 체크해 봅시다.

①   

③   

2 대화를 읽고 알맞은 그림의 알파벳을 네모칸 안에 써넣어 봅시다.

A 

B 

C 

D 

Shēngrì guò de zěnmeyàng?
① A:生日过得怎么样?
Guò de hěn gāoxìng, yě hěn kuàilè.
B:过得很 高兴，也很 快乐。 ☐

Jīntiān shì shénme jiérì?
② A:今天是什么节日?
Jīntiān shì bā yuè shíwǔ Zhōngqiū Jié.
B:今天是八月十五 中 秋 节。 ☐

Chūn Jié shì hé shéi yìqǐ guò de?
③ A:春 节是和谁一起过的?
Shì hé yéye nǎinai yìqǐ guò de.
B:是和爷爷奶奶一起过的。 ☐

Mǔqīn Jié, nǐ xiǎng gěi māma zhǔnbèi shénme?
④ A:母亲节，你想 给妈妈准备什么?
Wǒ xiǎng gěi māma mǎi hǎochī de.
B:我 想 给妈妈 买 好吃的。 ☐

3 '보기'처럼 그림을 보고 말해 봅시다.

shēngrì/tóngxuémen
生日/同学们

보기

Nǐ de shēngrì shì hé shéi yìqǐ guò de?
A:你的生日是和谁一起过的?

Wǒ shì hé tóngxuémen yìqǐ guò de.
B:我是和同学们一起过的。

① 

Értóng Jié/xiǎopéngyǒumen
儿童节/小朋友们

② 

Mǔqīn Jié bàba māma
母亲节/爸爸妈妈

4 획순에 따라 한자를 써 봅시다.

nián 年: ノ ㇀ ㇀ ㇀ ㇀ 年

年	年	年			

hé 和: 一 二 千 禾 禾 禾 和 和

和	和	和			

de 得: ノ 彳 彳 彳 彳 徂 徂 徂 得 得 得

得	得	得			

gěi 给: ㄥ 纟 纟 纟 纟 纟 给 给 给

给	给	给			

4 今晚一块儿去看电影

1 들은 순서대로 알맞은 그림에 번호를 써 봅시다.  04-1

2 녹음을 잘 듣고 알맞은 답에 체크해 봅시다.  04-2

① A 火车 (huǒchē)　B 飞机 (fēijī)　C 船 (chuán)

② A 写作业 (xiě zuòyè)　B 休息 (xiūxi)　C 看书 (kàn shū)

③ A 饭 (fàn)　B 菜 (cài)　C 冷面 (lěngmiàn)

3 서로 어울리는 대화와 그림을 연결해 읽어 봅시다.

Wǒmen yíkuàir qù shāngdiàn, hǎo ma?
A:我们一块儿去商店，好吗?
Duìbuqǐ jīntiān yǒu shì qù bu liǎo.
B:对不起，今天有事去不了。

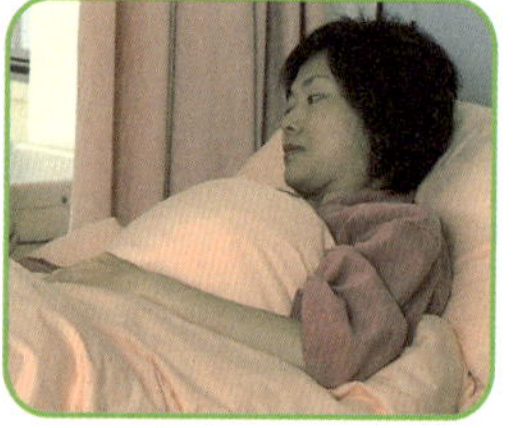

Nǐ jīntiān yǒu shénme shì?
A:你今天有什么事?
Wǒ yào hé bàba qù kàn diànyǐng.
B:我要和爸爸去看电影。

Tā zěnme méi lái shàngbān?
A:她怎么没来上班?
Tā shēngbìng le, lái bu liǎo.
B:她生病了，来不了。

4 알맞은 낱말을 골라 넣어 문장을 완성해 봅시다.

hǎo ma A 好吗	yíkuàir B 一块儿	xǐ bu liǎo C 洗不了	yào D 要

Yīnwèi méiyǒu shuǐ, yīfu.
① 因为没有水，(　　)衣服。

Nǐ zuò shénme huíjiā?
② 你(　　)坐什么回家?

Wǒmen xiě zuòyè,
③ 我们(　　)写作业，(　　)?

5 낱말을 바꾸어 말해 봅시다.

① 

Wǒmen yíkuàir chànggē, hǎo ma?
A: 我们一块儿唱歌，好吗？

Tài hǎo le!
B: 太好了！

wán yóuxì
玩 游戏

② 

Nǐ jīn wǎn yǒu shénme shì?
A: 你今晚有什么事？

Wǒ yào kàn shū.
B: 我要看书。

zuò zuòyè
做作业

6 획순에 따라 한자를 써 봅시다.

jīn 今: 丿 人 亼 今

今	今	今		

wǎn 晚: 丨 冂 日 日 日' 日⺈ 旷 昈 昣 晚 晚

晚	晚	晚		

shì 事: 一 丆 亓 亓 亘 亘 亘 事

事	事	事		

yào 要: 一 丆 丙 襾 襾 襾 要 要 要

要	要	要		

5 希望明天下雪

1 녹음을 잘 듣고 알맞은 그림에 체크해 봅시다. 

①

②

③

④

2 서로 어울리는 문장의 알파벳을 네모칸 안에 써넣어 봅시다.

Wǒ xīwàng qù Běijīng kàn yi kàn.
A 我希望去北京看一看。

Diànshì li shuō jīntiān yǒu yǔ.
B 电视里说今天有雨。

Jīnnián de shēngrì guò de zhēn kuàilè!
C 今年的生日过得真快乐!

Zhēn xīwàng míngtiān bú yào xià yǔ.
D 真希望明天不要下雨。

Nǐ zhēn bù zhīdào, zuò xuěrén, wán xuě qiú, duō hǎo a!
E 你真不知道，做雪人，玩雪球，多好啊!

보기 Zhè jǐ tiān yǒu yǔ ma?
这几天有雨吗? B

Hé péngyoumen yìqǐ chànggē, tiàowǔ.
① 和朋友们一起唱歌，跳舞。 

Nǐ xiǎng qù nǎlǐ?
② 你想去哪里? 

Wǒ bù xǐhuan xuě tiān.
③ 我不喜欢雪天。 

Tīngshuō míngtiān shì yīntiān.
④ 听说明天是阴天。 

3 문장을 읽고 물음에 대답해 봅시다.

Tiānqì yùbào shuō míngtiān yǒu dà xuě, hái guā fēng. Wǒ xǐhuan xià
天气预报说明天有大雪，还刮风。我喜欢下
xuě de tiānqì. Yīnwèi xià xuě néng zuò xuěrén, wán xuě
雪的天气。因为下雪能做雪人，玩雪
qiú, bù zhīdào yǒu duō hǎo! Wǒ xīwàng míngtiān xià
球，不知道有多好！我希望明天下
xuě.
雪。

Tiānqì yùbào shì zěnme shuō de?
① 天气预报是怎么说的？ ____________

"Wǒ" wèi shénme xǐhuan xià xuě de tiānqì?
② "我"为什么喜欢下雪的天气？ ____________

"Wǒ" xīwàng shénme?
③ "我"希望什么？ ____________

4 획순에 따라 한자를 써 봅시다.

kě 可：一 丁 ㄇ 可 可

可	可	可		

néng 能：

能	能	能		

zhēn 真：

真	真	真		

a 啊：

啊	啊	啊		

6 学校离你家远不远

1 잘 듣고 그림과 일치하면 √, 아니면 ×로 표시해 봅시다. 06-1

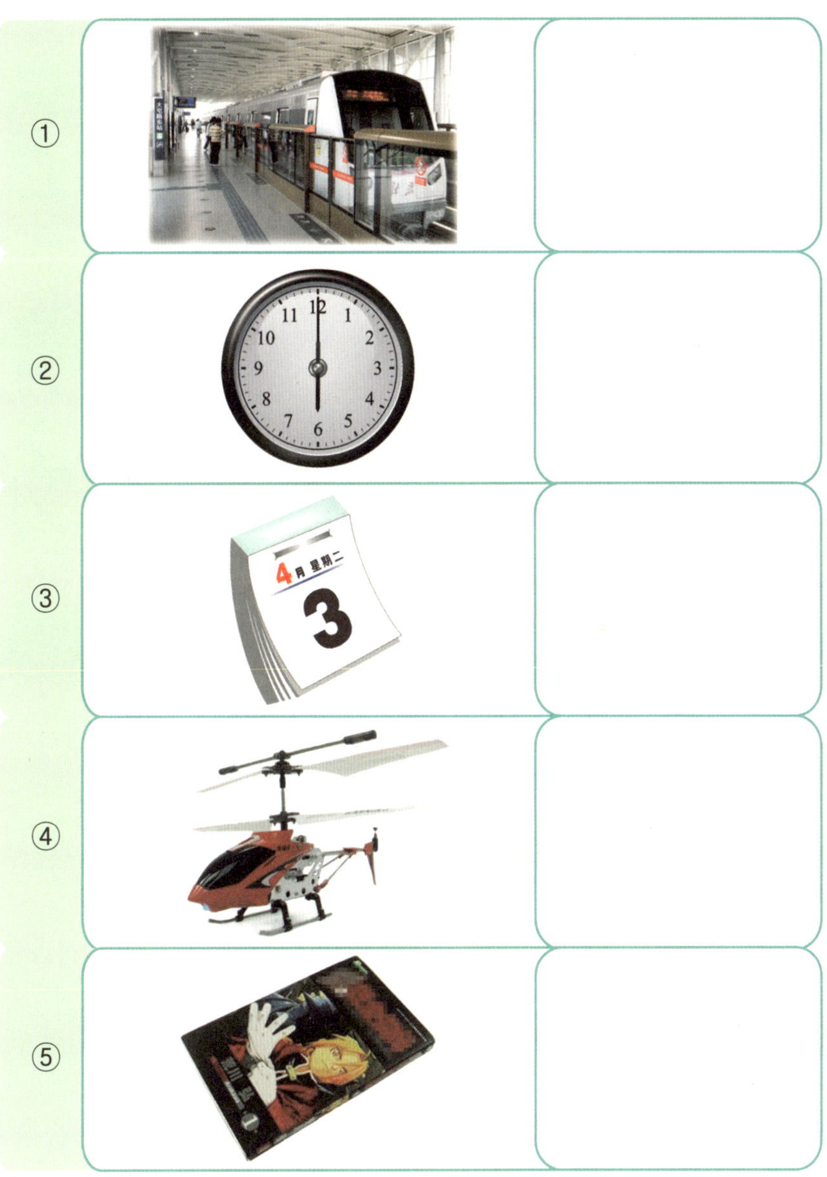

2 대화를 읽고 알맞은 그림의 알파벳을 네모칸 안에 써넣어 봅시다.

A 

B 

C 

D 

① Lí shàngbān hái yǒu jǐ fēnzhōng?
A:离上班还有几分钟？

Hái yǒu 10 fēnzhōng，zǒuzhe qù yě kěyǐ.
B:还有10分钟，走着去也可以。

② Hànyǔ kè jǐ diǎn jiéshù?
A:汉语课几点结束？

Zhōngwǔ 11 diǎn jiéshù.
B:中午11点结束。

③ Nǐ jiā lí xuéxiào yuǎn ma?
A:你家离学校远吗？

Bù yuǎn，pǎozhe qù 5 fēnzhōng jiù dào le.
B:不远，跑着去5分钟就到了。

④ Diànyǐng cóng jǐ diǎn kāishǐ?
A:电影从几点开始？

Cóng 7 diǎn kāishǐ.
B:从7点开始。

3 '보기'처럼 그림을 보고 말해 봅시다.

zǒulù zǒu/30
走路 走/30

보기

Zǒulù zǒu jǐ fēnzhōng kěyǐ dào xuéxiào?
A:走路走几分钟可以到学校?

30 fēnzhōng kěyǐ dào xuéxiào.
B:30分钟可以到学校。

① 

zuò gōnggòng qìchē/15
坐公共汽车/15

② 

zuò chūzūchē/8
坐出租车/8

③ 

zuò dìtiě /10
坐地铁/10

4 획순에 따라 한자를 써 봅시다.

lí 离: 丶 亠 ナ 文 这 宮 宮 离 离 离

离	离	离		

yuǎn 远: 一 二 テ 元 '元 讠元 远

远	远	远		

zǒu 走: 一 十 土 キ 卡 走 走

走	走	走		

jiù 就: 丶 亠 亠 古 古 亨 亨 京 京 京 就 就

就	就	就		

7 能告诉我小明的手机号吗

1 녹음을 잘 듣고 알맞은 그림에 체크해 봅시다.

①

A

B

C

②

A

B

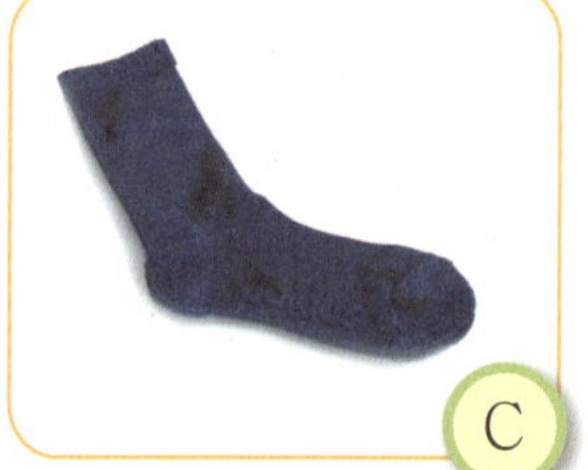
C

③

A

B

C

④

A

B

C

2 대화를 읽고 알맞은 그림의 알파벳을 네모칸 안에 써넣어 봅시다.

A

B

C

D

① A: Nín hǎo! Jīn lǎoshī zài jiā ma?
您好！金老师在家吗？

B: Tā bú zài jiā, zài xuéxiào shàngkè ne.
她不在家，在学校上课呢。

② A: Nín néng gàosu wǒ tā de shǒujī hào ma?
您能告诉我她的手机号吗？

B: Tā de shǒujī hào shì 1394438398.
她的手机号是1394438398。

③ A: Nín yǒu shénme shìqing ma?
您有什么事情吗？

B: Gàosu Xiǎomíng dào bàngōngshì lái zhǎo wǒ.
告诉小明到办公室来找我。

④ A: Nǐ māma ràng nǐ zuò shénme?
你妈妈让你做什么？

B: Wǒ māma ràng wǒ zài xuéxiào děng tā.
我妈妈让我在学校等她。

3 '보기'처럼 그림을 보고 질문에 대답해 봅시다.

보기 Māma ràng nǐ zuò shénme?
妈妈让你坐什么？

Māma ràng wǒ zuò gōnggòng qìchē.
妈妈让我坐公共汽车。

① Bàba ràng nǐ zhǎo shénme?
爸爸让你找什么？

____

② Māma ràng nǐ xǐ shénme?
妈妈让你洗什么？

____

让我在家等。

③ Lǎoshī ràng nǐ zài hēibǎn shang xiě shénme?
老师让你在黑板上写什么？

____

4 획순에 따라 한자를 써 봅시다.

shǒu 手: ˊ 二 三 手

手	手	手		

zhǎo 找: 一 扌 扌 扌 找 找 找

找	找	找		

ràng 让: ˋ 讠 让 让 让

让	让	让		

děng 等: ˊ ㇀ ⺮ ⺮ ⺮ ⺮ 竺 竺 笙 等 等 等

等	等	等		

8 穿运动服的人是谁

1 잘 듣고 서로 어울리는 그림과 낱말을 연결해 봅시다. 

jiějie
姐姐

gēge
哥哥

lǎoshī
老师

2 잘 듣고 알맞은 답에 체크해 봅시다. 

	A	B	C
①	bàn ge yuè 半个月	liù ge yuè 六个月	sān ge yuè 三个月
②	Zhāng lǎoshī de qīzi 张 老师的妻子	Wáng lǎoshī 王 老师	Wáng lǎoshī de qīzi 王 老师的妻子
③	báisè 白色	hēisè 黑色	hóngsè 红色

3 서로 어울리는 그림과 문장을 연결해 읽어 봅시다.

Tāmen xiàozhe shuōhuà.
他们笑着说话。

Tā zuòzhe kàn shū.
他坐着看书。

Tā zǒuzhe shàngxué.
她走着上学。

4 알맞은 낱말을 골라 넣어 문장을 완성해 봅시다.

duō dà A 多大	duō cháng B 多长	duōshao C 多少	duō hǎo D 多好

Nǐ xué chànggē shíjiān le?
① 你学唱歌________时间了?

Zhè jiàn yīfu qián?
② 这件衣服________钱?

Xià xuě tiān a!
③ 下雪天________啊!

Nǐ jīnnián le?
④ 你今年________了?

5 '보기'처럼 낱말을 바꾸어 말해 봅시다.

xué yóuyǒng/sān ge yuè
学 游 泳/三 个 月

보기

Nǐ xué yóuyǒng duō cháng shíjiān le?
A:你学游泳多长时间了?

Wǒ xué yóuyǒng yǒu sān ge yuè le.
B:我学游泳有三个月了。

① 

lái Zhōngguó/liǎng ge yuè
来中国/两个月

② 

shàngbān/ yì nián
上班/一年

6 획순에 따라 한자를 써 봅시다.

chuān 穿: 丶 丷 宀 宂 穴 穵 穻 穿 穿

穿 穿 穿

dòng 动: 一 二 云 云 动 动

动 动 动

shuō 说: 丶 讠 讠 讠 讠 讠 讠 讠 说

说 说 说

huà 话: 丶 讠 讠 讠 讠 讠 话 话

话 话 话

9 你最喜欢什么运动

1 녹음을 잘 듣고 서로 어울리는 그림들을 연결해 봅시다. 

①  

②  

③  

④  

2 '보기'처럼 낱말을 바꾸어 말해 봅시다.

①

보기 dǎ lánqiú / lèi / yǒu yìsi
打篮球/累/有意思

Dǎ lánqiú yǒudiǎnr lèi, dànshì fēicháng yǒu yìsi.
打篮球有点儿累，但是 非 常 有意思。

lěngmiàn / guì / hǎochī
冷 面/贵/好吃

____

②

보기 jǐ diǎn / shuìjiào
几点/睡 觉

Nǐ shì jǐ diǎn kāishǐ shuìjiào de?
A:你是几点开始睡 觉 的？

Wǒ bā diǎn jiù kāishǐ shuìjiào le.
B:我八点就开始睡 觉 了。

jǐ suì / xué gāngqín
几岁/学 钢 琴

A: ______________________

B: ______________________

3 잘 읽고 문장과 일치하면 √, 아니면 X로 표시해 봅시다.

① Wǒ jīnnián 16 suì, wǒ xué gāngqín yǐjīng xuéle 10 nián le.
我今年16岁，我学钢琴已经学了10年了。

Wǒ cóng 6 suì kāishǐ xué gāngqín.
我从6岁开始学钢琴。(　　)

② Wǒ zuì xǐhuan pǎobù, dànshì pǎo de hěn màn.
我最喜欢跑步，但是跑得很慢。

Wǒ pǎobù pǎo de bú kuài.
我跑步跑得不快。(　　)

③ Nǐ kàn tā chuān de yīfu, zěnmeyàng? Fēicháng piàoliang ba? Wǒ gàosu nǐ, tā mǎi de nà jiàn yīfu shì nà jiā shāngdiàn li zuì piányi de.
你看她穿的衣服，怎么样？非常漂亮吧？我告诉你，她买的那件衣服是那家商店里最便宜的。

Tā de yīfu bú guì, suǒyǐ bú piàoliang.
她的衣服不贵，所以不漂亮。(　　)

4 획순에 따라 한자를 써 봅시다.

zuì 最: 丶 冂 日 日 旦 早 昰 昰 昰 昰 最 最

最	最	最		

dǎ 打: 一 十 扌 扌 打

打	打	打		

lèi 累: 丶 冂 冂 田 田 罒 里 里 累 累 累

累	累	累		

dàn 但: ノ 亻 亻 们 佃 佃 但

但	但	但		

10 欢迎你们来到我家

1 잘 듣고 알맞은 그림의 알파벳을 써넣어 봅시다. 10-1

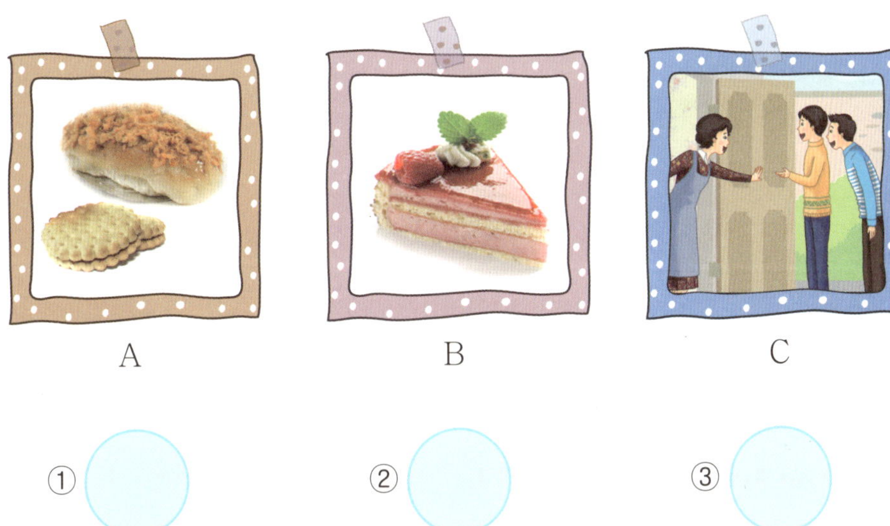

A　　B　　C

① ○　② ○　③ ○

2 녹음을 잘 듣고 서로 어울리는 그림들을 연결해 봅시다. 10-2

①  ●　　● 

②  ●　　● 

③  ●　　● 

3 '보기'처럼 말해본 후 질문에 대답해 봅시다.

보기

Wǒ jīntiān chīle miànbāo.
我今天吃了面包。

Wǒ jīntiān hēle kāfēi.
我今天喝了咖啡。

Nǐ jīntiān chīle shénme?
你今天吃了什么？

Nǐ jīntiān hēle shénme?
你今天喝了什么？

① ② ③ ④

4 '보기'처럼 한국어를 중국어로 번역해 봅시다.

보기 어서 들어 오세요. 快请进。

① 빨리 자! ____________

② 빨리 일어나! ____________

③ 너무 추워. ____________

④ 정말 맛있다. ____________

5 알맞은 낱말을 빈칸에 골라 넣어 대화를 완성해 봅시다.

A	B	C	D	E
āyí 阿姨	huānyíng 欢迎	qǐngwèn 请问	kuài 快	tóngxué 同学

a ______，你找谁？ (nǐ zhǎo shéi?)

b 我是小明的______。小明在家吗？ (Wǒ shì Xiǎomíng de ______. Xiǎomíng zài jiā ma?)

a 他在家，______请进。 (Tā zài jiā, ______ qǐng jìn.)

b 谢谢______。 (Xièxie ______.)

a ______你来到我家。 (nǐ láidào wǒ jiā.)

6 획순에 따라 한자를 써 봅시다.

kuài 快: 丶 丷 忄 忄 忄 快 快

快 快 快

jìn 进: 一 二 井 井 讲 讲 进

进 进 进

xíng 行: ノ 彡 彳 彳 行 行

行 行 行

chē 车: 一 七 亡 车

车 车 车

11 今天早上你吃什么了

1 녹음을 잘 듣고 알맞은 그림에 체크해 봅시다. 11-1

①

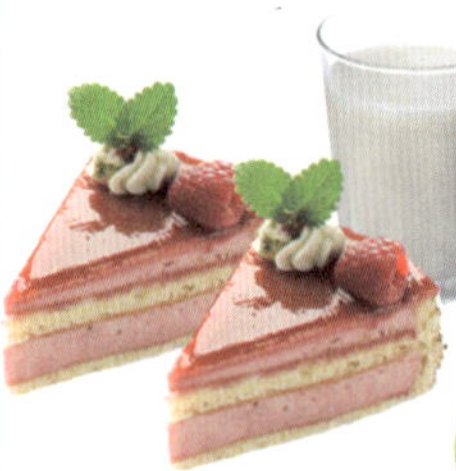
A
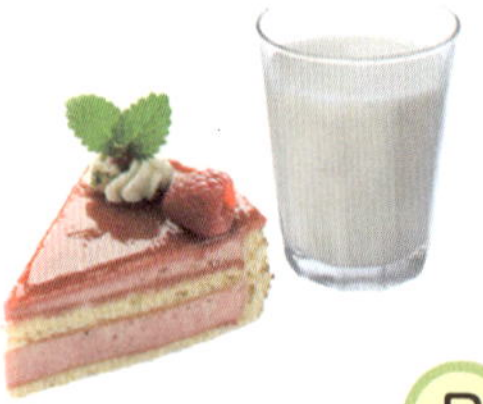
B
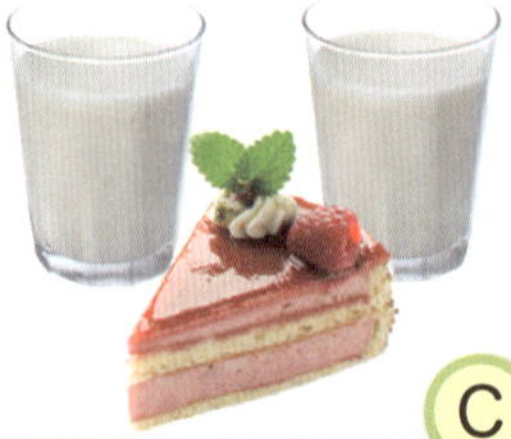
C

②

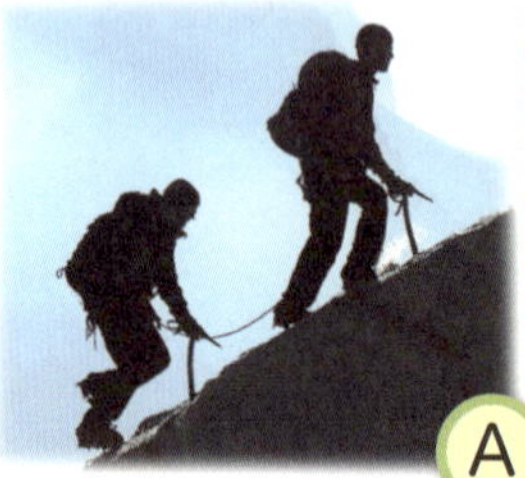
A
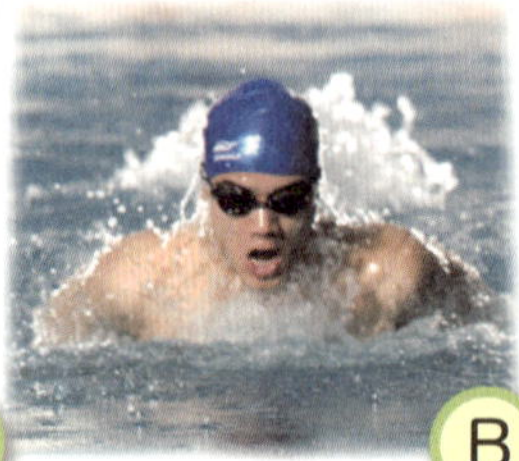
B
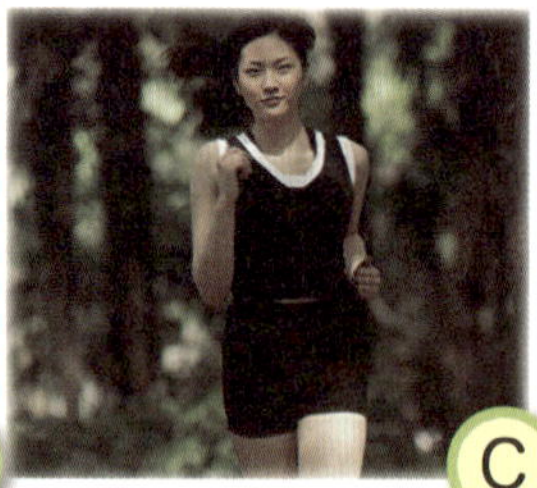
C

③

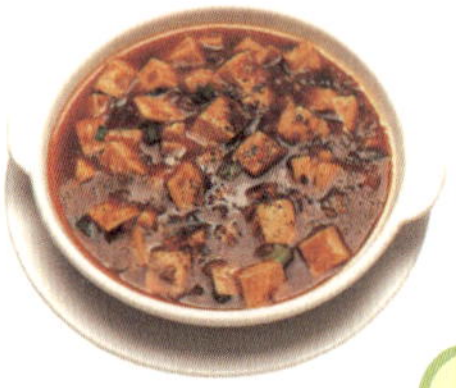
A
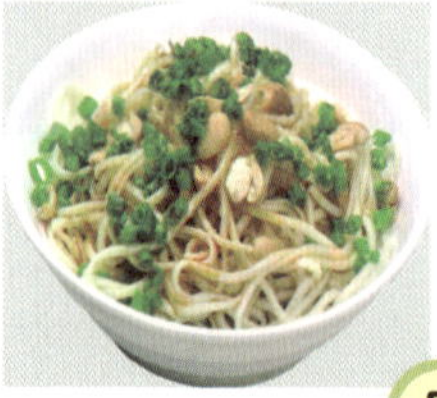
B
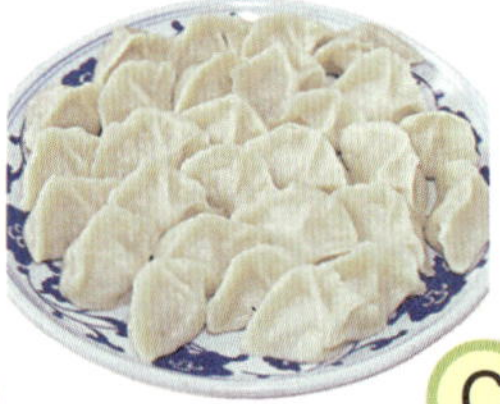
C

④

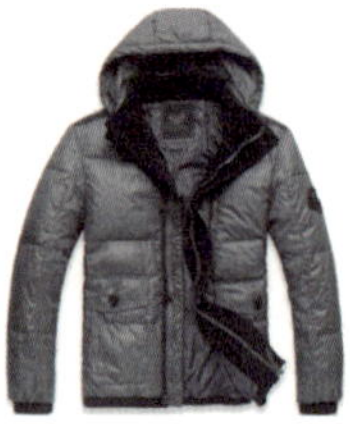
A
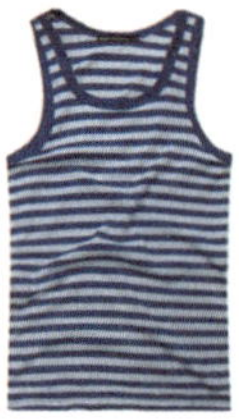
B
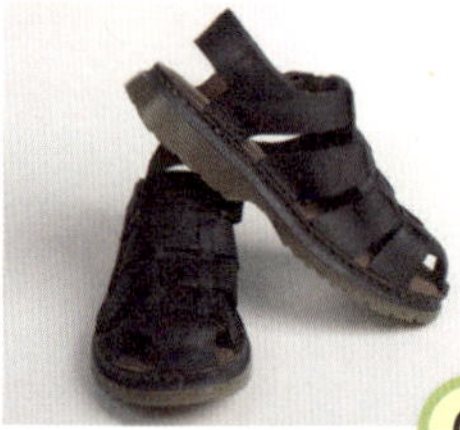
C

2 알맞은 그림, 병음과 한자를 연결해 봅시다.

biǎoyǎn	表演
shàngwǎng	比赛
xǐzǎo	洗澡
bǐsài	上网

3 문장을 읽고 알맞은 답을 골라 봅시다.

Jīntiān hé wǒ yìqǐ dǎsǎo jiàoshì de tóngxué jiào Wáng Xiǎomíng, tā shì Zhōngguórén, lái Hánguó yǐjīng yì nián le. Xiǎomíng xǐhuan pá shān hé pǎobù, yě xǐhuan dǎ lánqiú. Wǒ yě xǐhuan pá shān, búguò bù xǐhuan pǎobù hé dǎ lánqiú. Wǒmen zhǔnbèi xīngqī liù qù pá shān.

今天和我一起打扫教室的同学叫王小明，他是中国人，来韩国已经一年了。小明喜欢爬山和跑步，也喜欢打篮球。我也喜欢爬山，不过不喜欢跑步和打篮球。我们准备星期六去爬山。

① Wáng Xiǎomíng shì
王小明是________。 A Zhōngguórén 中国人 B Hánguórén 韩国人

② "Wǒ" hé Xiǎomíng dōu xǐhuan
"我"和小明都喜欢________。 A dǎ lánqiú 打篮球 B pá shān 爬山

③ "Wǒ" bù xǐhuan
"我"不喜欢________。 A pá shān hé pǎobù 爬山和跑步 B dǎ lánqiú hé pǎobù 打篮球和跑步

4 알맞은 낱말을 골라 넣어 문장을 완성해 봅시다.

nàme A 那么	ba B 吧	búguò C 不过	háishì D 还是	diǎn E 点

Zhōngguórén dōu ài hē chá
① 中国人都爱喝茶(　　)?

Jīntiān hěn rè, shǎo chuān ba.
② 今天很热,(　　)少穿(　　)吧。

Wǒ xǐhuan chī dàngāo, yě xǐhuan chī miànbāo.
③ 我喜欢吃蛋糕,(　　)也喜欢吃面包。

Nǐ zěnme chī de shǎo?
④ 你怎么吃得(　　)少?

5 획순에 따라 한자를 써 봅시다.

nà 那: ㇆ ㇕ ㇕ 月 𨚗 那

那	那	那		

hái 还: 一 ア 不 不 不 还 还

还	还	还		

ba 吧: 丨 ㇆ 口 口 叩 吧 吧

吧	吧	吧		

guò 过: 一 十 寸 寸 讨 过

过	过	过		

12 你哥的眼睛怎么红了

1 잘 듣고 그림과 일치하면 √, 아니면 X로 표시해 봅시다.

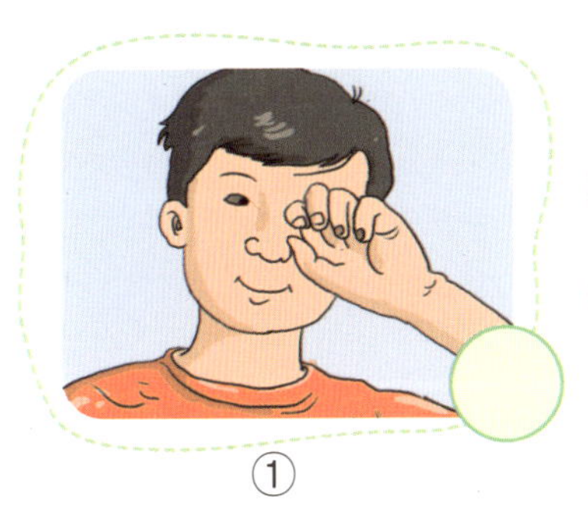
①

②

③

2 녹음을 잘 듣고 서로 어울리는 그림들을 연결해 봅시다.

① 

② 

③ 

3 알맞은 낱말을 골라 넣어 대화를 완성해 봅시다.

zuìhǎo A 最好	zhīdào B 知道	wèntí C 问题	wènwen D 问问

a Gēge, wèn nǐ yí ge (　　) hǎo ma?
哥哥，问你一个(　　)，好吗？

b Shénme wèntí?
什么问题？

a Nǐ (　　) zhège zì shì shénme yìsi ma?
你(　　)这个字是什么意思吗？

b Zhè zhēn bù hǎo huídá, nǐ (　　) qù (　　) bàba ba.
这真不好回答，你(　　)去(　　)爸爸吧。

4 그림을 보고 빈칸에 알맞은 말을 넣어 말해 봅시다.

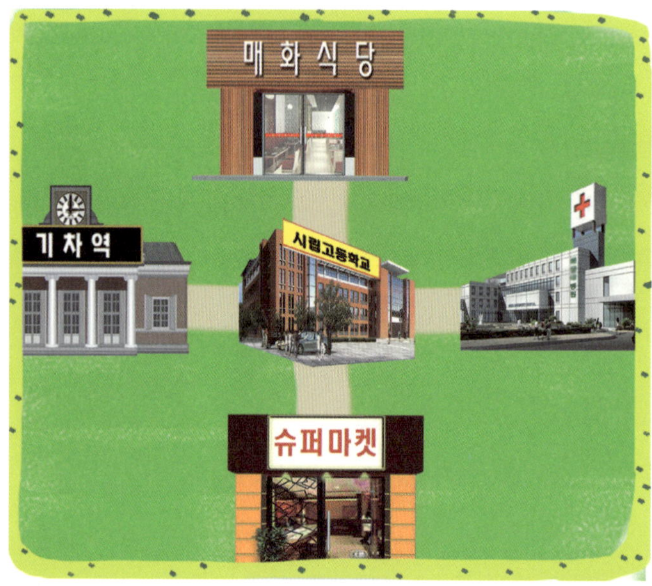

Xuéxiào dōngmiàn yǒu yīyuàn, xīmiàn yǒu
学校东面有医院，西面有_______，

nánmiàn yǒu chāoshì, běimiàn yǒu
南面有超市，北面有_______。

5 획순에 따라 한자를 써 봅시다.

yǎn 眼: 丨 ∏ 冂 月 目 目ㄱ 目ㄱ 目ㅋ 目ㅌ 眼 眼

眼 眼 眼

jué 觉: 丶 丷 ⺍ 𭕄 ⺌ 𫩏 𰀁 觉 觉

觉 觉 觉

máng 忙: 丶 忄 忄 忙 忙 忙

忙 忙 忙

duì 对: フ 又 对 对 对

对 对 对

6 병음을 읽고 알맞은 한자를 써 봅시다.

①

A: 我 (jué) (de) 学习再 (máng) 也 (yào) 休息。

B: (Shì) 啊。我 (duì) 妹妹 (shuō) 了，她 (jiù) (shì) 不听。

②

A: 你的 (yǎn) 睛怎 (me) 红了？

B: (Míng) (tiān) 就要考试，看书看 (lèi) 的。

13 你去过上海吗

1 잘 듣고 알맞은 문장에 체크해 봅시다. 13-1

① 我的房间是106号。 / 我的房间是160号。

② 105元一张。 / 150元一张。

③ 是坐飞机去的。 / 是坐火车去的。

④ 右边第一个门就是。 / 右边第二个门就是。

2 잘 듣고 알맞은 그림의 알파벳을 써넣어 봅시다.

A

B

C

①  ②  ③

3 대화를 읽고 알맞은 그림의 알파벳을 네모칸 안에 써넣어 봅시다.

A

B

C

D
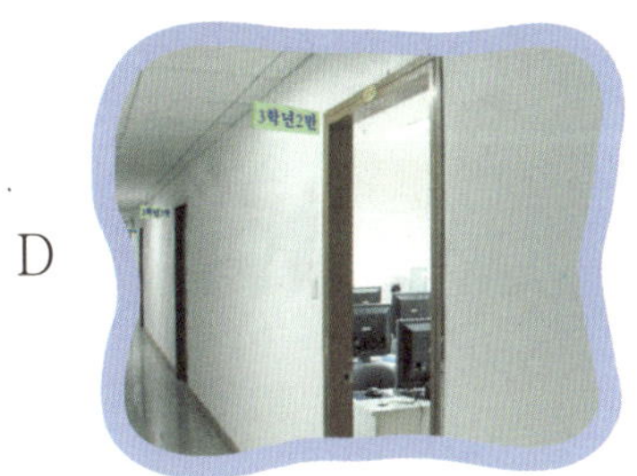

Nǐ shì zuò shénme qù Shànghǎi de?
① A:你是坐什么去上海的?

Wǒ shì zuò chuán qù de.
B:我是坐船去的。

Nǐmen de jiàoshì zài nǎr?
② A:你们的教室在哪儿?

Xiàng qián zǒu， dì-èr ge mén jiù shì.
B:向前走，第二个门就是。

Yīyuàn zěnme zǒu?
③ A:医院怎么走?

Xiàng qián zǒu 100 mǐ jiù shì.
B:向前走100米就是。

Huǒchē piào guì bu guì?
④ A:火车票贵不贵?

Bú tài guì， 40 yuán yì zhāng.
B:不太贵，40元一张。

4 알맞은 병음을 골라 봅시다.

9号
A jiǔ hào
B qī hào

2号
A liǎng hào
B èr hào

21号
A èrshí yī hào
B liǎngshí yī hào

102号
A yìbǎi èrshí hào
B yāo líng èr hào

780号
A qībǎi bāshí hào
B qī líng bā hào

5 획순에 따라 한자를 써 봅시다.

zhāng 张:

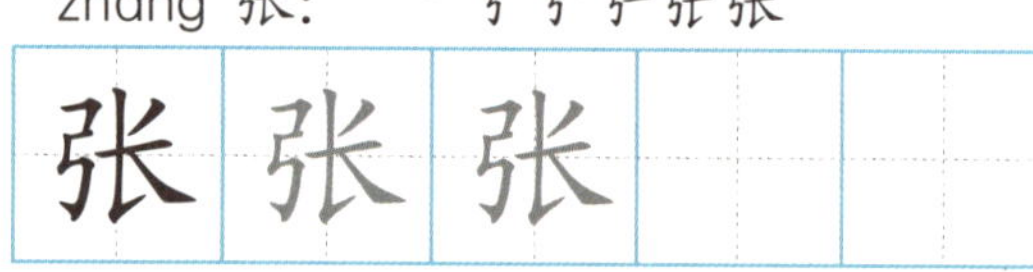

fáng 房:

xiàng 向:

mén 门:

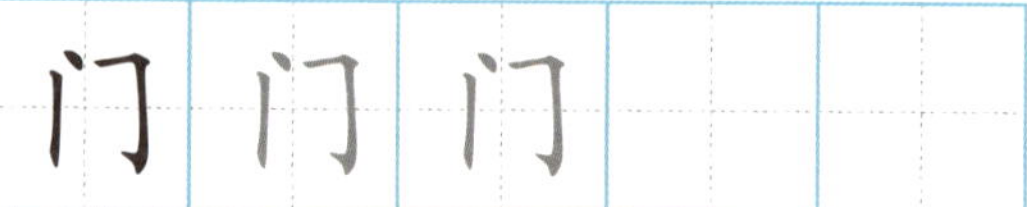

6 서로 반대되는 낱말들을 연결해 봅시다.

ǎi
矮

duǎn
短

cuò
错

14 多少钱

1 잘 듣고 알맞은 그림의 알파벳을 네모칸 안에 써넣어 봅시다. 

A 

B 

C 

D 

① 

 ② 

③ 

④ 

2 그림의 맛과 어울리는 낱말을 골라 연결해 봅시다.

3 그림을 보면서 질문에 대답해 봅시다.

① 

Zhè yīfu yánsè zhēn búcuò, duōshao qián?
A：这衣服颜色真不错，多少钱？

B：______________________

② 

Yángròu yì gōngjīn zěnme mài?
A：羊肉一公斤怎么卖？

B：______________________

③ 

A：______________________

Yǒu, nǐ yào jǐ tiáo?
B：有，你要几条？

A：______________________

4 획순에 따라 한자를 써 봅시다.

cuò 错: ノ ㇒ ⺧ 𠂉 钅 钅 钍 钳 钳 钳 错 错 错

错 错 错

jiàn 件: ノ 亻 亻 仁 仁 件

件 件 件

ròu 肉: 丨 冂 内 内 肉 肉

肉 肉 肉

jīn 斤: ㇒ 厂 斤 斤

斤 斤 斤

5 알맞은 양사를 골라 써 봅시다.

A 条　B 件　C 张　D 斤　E 本　F 块

① 买了两 ☐ 羊肉。

② 这 ☐ 裤子怎么卖？

③ 爸爸给我买了一 ☐ 汉语书。

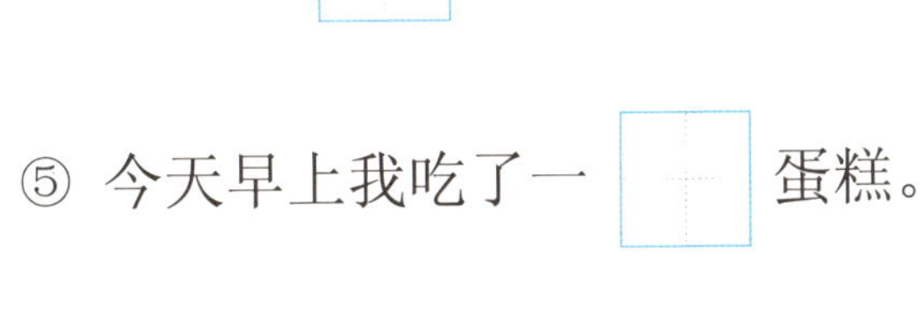

④ 我有一 ☐ 事想问问你。

⑤ 今天早上我吃了一 ☐ 蛋糕。

⑥ 船票不太贵，一百五十元一 ☐ 。

15 你能找到小明家吗

1 들은 순서대로 그림에 번호를 써 봅시다. 15-1

2 녹음을 잘 듣고 알맞은 그림에 체크해 봅시다. 15-2

①

A B C

②

A B C

3 서로 어울리는 문장의 알파벳을 네모칸 안에 써넣어 봅시다.

Nǐ néng zhǎodào Xiǎomíng jiā ma?
A 你能找到小明家吗?

Rúguǒ míngtiān lǎoshī bú zài bàngōngshì de huà, gěi tā dǎ shoujī ba.
B 如果明天老师不在办公室的话，给她打手机吧。

Nǐ zhīdào zhège zì shì shénme yìsi ma?
C 你知道这个字是什么意思吗?

Nǐ zhèngzài zuò shénme ne?
D 你正在做什么呢?

Dào shíhou wǒ huì gěi lǎoshī dǎ de.
① 到时候我会给老师打的。 ☐

Báitiān qùguo yí cì, bú huì zǒucuò lù de.
② 白天去过一次，不会走错路的。 ☐

Wǒ zhèngzài zhàogù shēngbìng de xiǎo gǒu ne.
③ 我正在照顾生病的小狗呢。 ☐

Zhè zhēn bù hǎo huídá, rúguǒ nǐ bù zhīdào de huà, zuìhǎo qù wènwen lǎoshī.
④ 这真不好回答，如果你不知道的话，最好去问问老师。 ☐

4 알맞은 낱말을 골라 문장을 완성해 봅시다.

huì A 会	zhèngzài B 正在	zhàogù C 照顾	rúguǒ D 如果

Xià yǔ le, tā jīntiān bú lái le.
① 下雨了，他今天不(　　)来了。

gǎnmào le, jiù qù yīyuàn jiǎnchá yíxià ba.
② (　　)感冒了，就去医院检查一下吧。

Wǒmen jiā li chī fàn ne.
③ 我们(　　)家里吃饭呢。

Mèimei gǎnmào le, māma jiào wǒ mèimei.
④ 妹妹感冒了，妈妈叫我(　　)妹妹。

5 다음 문장을 중국어로 말해 봅시다.

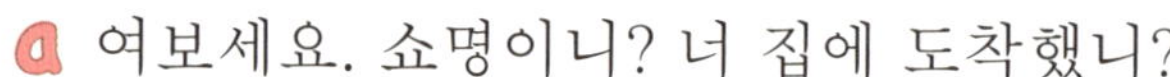

a 여보세요. 쇼명이니? 너 집에 도착했니?

____

b 아빠, 저 이미 도착했어요.

____

a 지금 뭐 하고 있니?

____

b 지금 텔레비전를 보고 있어요.

____

a 엄마는 뭐 하고 계시니?

____

b 엄마는 지금 청소하고 계세요.

____

6 획순에 따라 한자를 써 봅시다.

cì 次: 丶 冫 冫 次 次 次

次	次	次		

rú 如: 𡿨 女 女 如 如 如

如	如	如		

huì 会: 丿 人 亼 亼 会 会

会	会	会		

jiào 叫: 丨 冂 口 口丨 叫

叫	叫	叫		

hēi 黑: 丶 冂 冂 冂 冂 甲 甲 里 里 黑 黑 黑

黑	黑	黑		

bái 白: 丿 亻 白 白 白

白	白	白		

16 你的新朋友叫什么

1 녹음을 잘 듣고 들은 순서대로 알맞은 숫자를 써 봅시다.

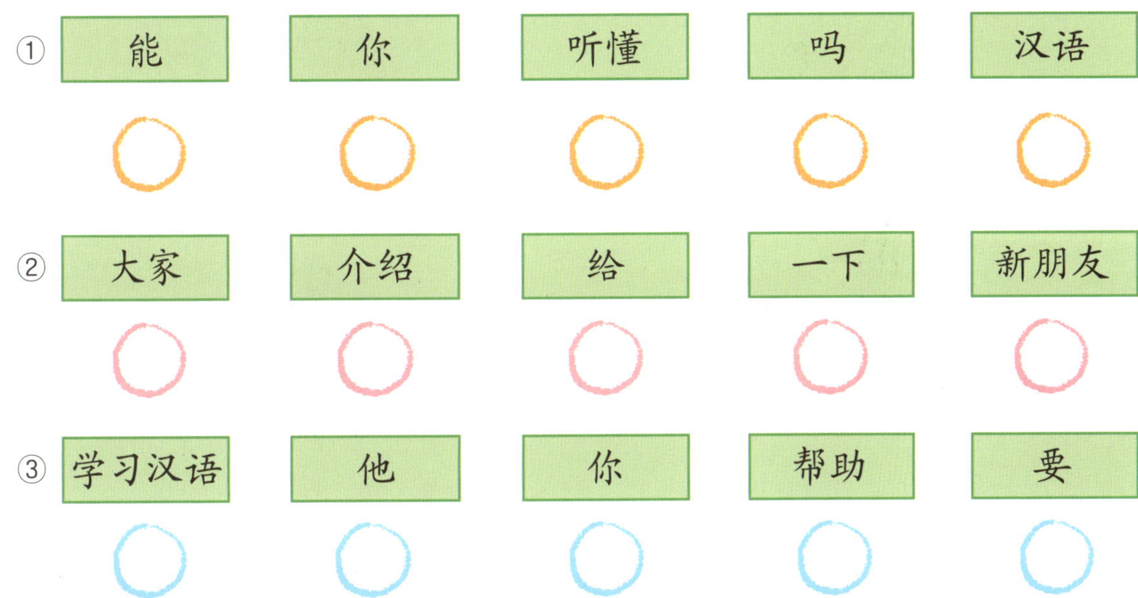

2 잘 듣고 알맞은 그림의 알파벳을 네모칸 안에 써넣어 봅시다. 16-2

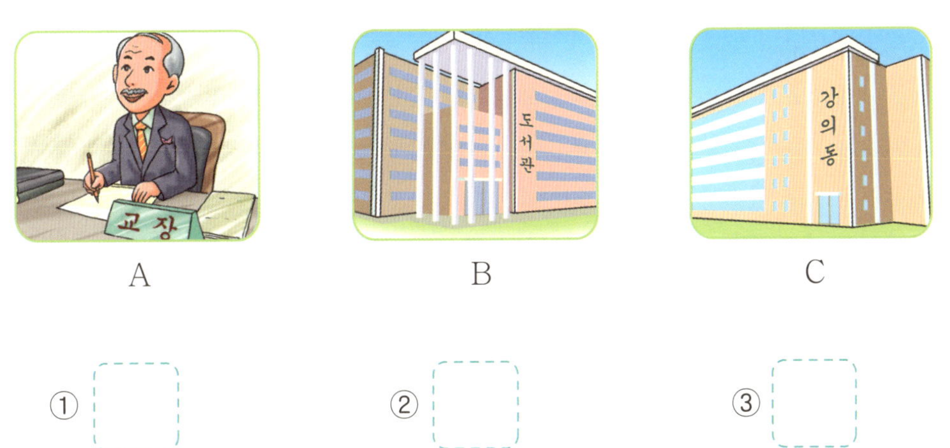

① ② ③

3 대화를 읽고 알맞은 그림의 알파벳을 네모칸 안에 써넣어 봅시다.

A 

B 

C 

D 

Tā shì nǐmen de Hànyǔ lǎoshī ba?
① A:他是你们的汉语老师吧？

Shì. Tā shì wǒmen de Hànyǔ lǎoshī.
B:是。他是我们的汉语老师。

Nǐ néng ràng tā jiāo wǒ dǎ lánqiú ma?
② A:你能让他教我打篮球吗？

Kěyǐ, búguò nǐ yào bāngzhù tā xuéxí Hánguóyǔ.
B:可以，不过你要帮助他学习韩国语。

Qǐng gěi dàjiā jièshào yíxià xīn tóngxué.
③ A:请给大家介绍一下新同学。

Tā xìng Jīn, jiào Jīn Xué, shì cóng Hánguó lái de.
B:他姓金，叫金学，是从韩国来的。

Nǐ de xīn péngyou jiào shénme?
④ A:你的新朋友叫什么？

Tā xìng Lǐ, jiào Lǐ Yīng, shì dì-yī cì lái Měiguó.
B:她姓李，叫李英，是第一次来美国。

4 '보기'처럼 주어진 말을 가능과 불가능의 형식으로 말해 봅시다.

보기 听懂	听得懂	听不懂
① 看懂		
② 看见		
③ 做到		
④ 吃完		

5 획순에 따라 한자를 써 봅시다.

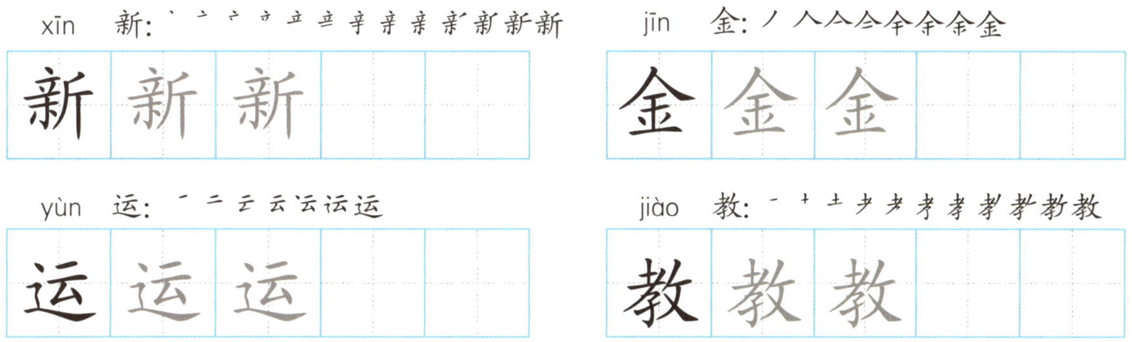

6 병음을 읽고 알맞은 한자를 써 봅시다.

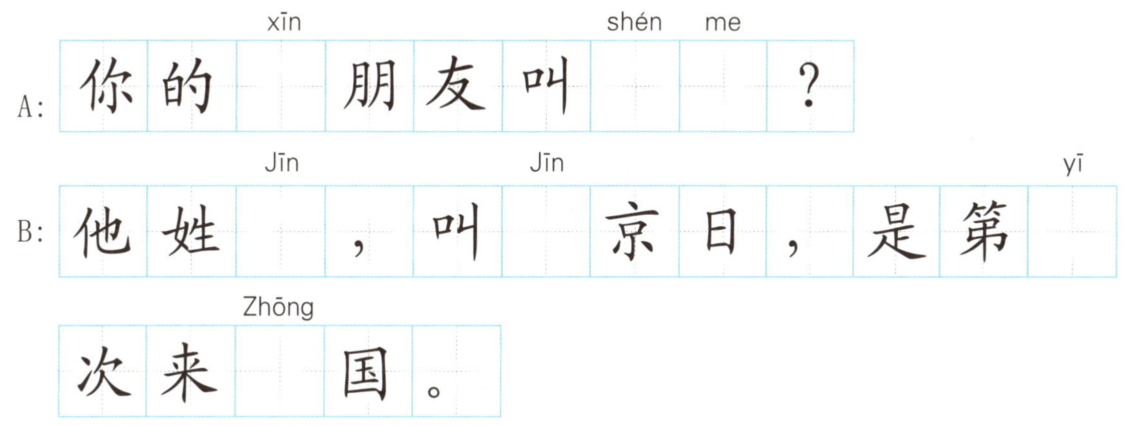

17 还有别的事吗

1 녹음을 잘 듣고 서로 어울리는 그림들을 연결해 봅시다.

2 녹음을 두 번 듣고 알맞은 답을 골라 봅시다.

"Wǒ" jīntiān kǎole

① "我"今天考了________。

Yīngyǔ / Hànyǔ / shùxué

A 英语　　B 汉语　　C 数学

Zhè cì Hànyǔ kǎoshì, Wǒ juéde kǎo de búcuò de shì

② 这次汉语考试，我觉得考得不错的是________。

tīng de hé shuō de / shuō de hé dú de / tīng de hé xiě de

A 听的和说的　　B 说的和读的　　C 听的和写的

英语 Yīngyǔ 영어　数学 shùxué 수학

3 '보기'처럼 말해 봅시다.

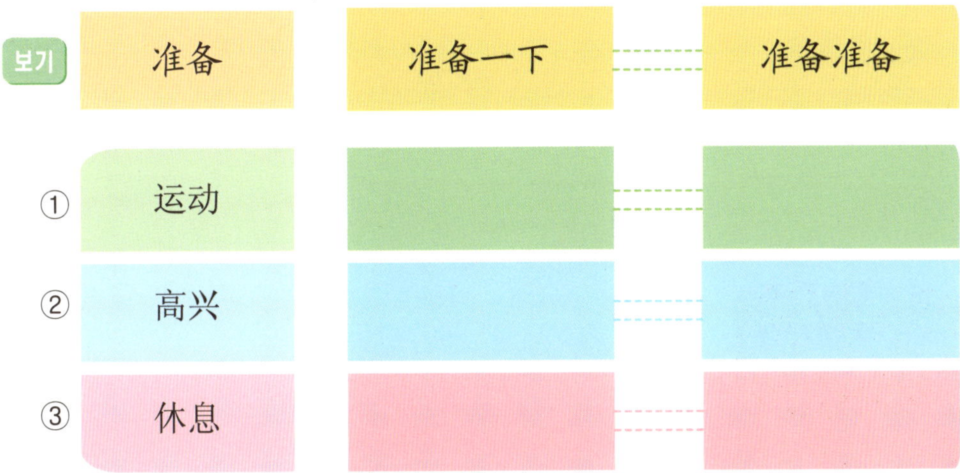

4 서로 어울리는 문장의 알파벳을 네모칸 안에 써넣어 봅시다.

Wǒ xǐhuan hóngsè hé lǜsè.
A 我喜欢红色和绿色。

Wǒ mǎile chī de hé chuān de.
B 我买了吃的和穿的。

Méiyǒu bié de le.
C 没有别的了。

Lǎoshī jiào wǒ hǎohāor zhǔnbèi kǎoshì.
D 老师叫我好好儿准备考试。

Nǐ xǐhuan de yánsè dōu yǒu nǎ xiē?
① 你喜欢的颜色都有哪些? ☐

Nǐ qù shāngdiàn dōu mǎile shénme?
② 你去商店都买了什么? ☐

Lǎoshī hé nǐ shuō shénme le?
③ 老师和你说什么了? ☐

zhège píngguǒ tài suān le, jiā li hái yǒu bié de shuǐguǒ ma?
④ 这个苹果太酸了，家里还有别的水果吗? ☐

5 그림을 보면서 질문에 대답해 봅시다.

考试成绩表

科目	考试成绩
英语	95
数学	65

Kǎoshì kǎo de zěnmeyàng?
A:考试考得怎么样?

B:________________

Jiàoshì li hái yǒu biéde tóngxué ma?
A:教室里还有别的同学吗?

B:________________

Jiějie zài zuò shénme?
A:姐姐在做什么?

B:________________

6 획순에 따라 한자를 써 봅시다.

bié 别: 丨 冂 口 号 另 别 别

别	别	别		

fàn 饭: ノ ㇰ 饣 饣 饤 饭 饭

饭	饭	饭		

zhè 这: 丶 亠 ナ 文 文 这 这

这	这	这		

nǎ 哪: 丨 冂 口 叮 叨 叨 明 哪 哪

哪	哪	哪		

18 你是在什么地方学习汉语的

1 녹음을 잘 듣고 들은 순서대로 그림에 번호를 써 봅시다.

2 녹음을 잘 듣고 알맞은 답에 체크해 봅시다.

① A 韩国 (Hánguó)　B 首尔 (Shǒu'ěr)　C 中国 (Zhōngguó)

② A 她不会汉语 (tā bú huì Hànyǔ)　B 不能 (bù néng)　C 能读简单的报纸 (néng dú jiǎndān de bàozhǐ)

③ A 北京 (Běijīng)　B 韩国 (Hánguó)　C 中国 (Zhōngguó)

3 서로 어울리는 대화와 그림을 연결해 봅시다.

Hànzì xiě de duō hǎo, nǐ néng xiě xìn ba?
A: 汉字写得多好，你能写信吧？

Néng xiě yìxiē jiǎndān de xìn.
B: 能写一些简单的信。

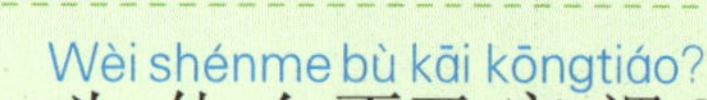

Wèi shénme bù kāi kōngtiáo?
A: 为什么不开空调？

Yīnwèi wǒ bù juéde rè.
B: 因为我不觉得热。

Zhàopiàn shì zài shénme dìfang zhào de?
A: 照片是在什么地方照的？

Zhàopiàn shì zài Rìběn zhào de.
B: 照片是在日本照的。

4 알맞은 낱말을 골라 넣어 문장을 완성해 봅시다.

liǎojiě	duō	zuìjìn	duōshao
A 了解	B 多	C 最近	D 多少

Zhè jiā fànguǎnr de cài ( ) hǎochī a, nǐ yào duō chī diǎnr.
① 这家饭馆儿的菜(　　)好吃啊，你要多吃点儿。

Nǐmen jiā de bīngxiāng shì ( ) qián mǎi de?
② 你们家的冰箱是(　　)钱买的？

( ) wǒ gěi Hànyǔ lǎoshī fāle diànzǐ yóujiàn.
③ (　　)我给汉语老师发了电子邮件。

Yīnwèi wǒ xiǎng ( ) yíxià Zhōngguó, suǒyǐ xiǎng qù Zhōngguó.
④ 因为我想(　　)一下中国，所以想去中国。

发 fā (우편물 혹은 공문서 등을) 보내다, 발송하다

5 획순에 따라 한자를 써 봅시다.

dì 地: 一 十 土 坭 地 地

地	地	地		

jiǎn 简: ノ ㇐ ⺮ ... 简

简	简	简		

bīng 冰: 丶 冫 冫 冰 冰 冰

冰	冰	冰		

kōng 空: 丶 丶 宀 宀 穴 空 空 空

空	空	空		

jī 机: 一 十 才 木 机 机

机	机	机		

diàn 电: 丨 冂 曰 曰 电

电	电	电		

6 그림을 보고 알맞은 한자를 써 봅시다.

① [ ] 视

② 照 相 [ ]

③ [ ] 箱

④ [ ] 调

Xīn Hànyǔ shuǐpíng kǎoshì
新汉语水平考试

èr jí móní shìtí
HSK（二级）模拟试题

新HSK 2급 모의문제 [1]

Dì-yī bùfen
第一部分(제1부분)

잘 듣고 그림과 일치하면√, 아니면 ×로 표시해 봅시다. (1—4)

Dì-èr bùfen
第二部分(제2부분)

잘 듣고 알맞은 그림의 알파벳을 네모칸 안에 써넣어 봅시다. (5—9)

A

B

C 

D 

E 

F 

보기

Nán: Nǐ měi tiān zǎoshang jǐ diǎn shàngxué?
男：你每天早上几点上学？

Nǚ: Wǒ měi tiān zǎoshang qī diǎn shàngxué.
女：我每天早上七点上学。

5.

6.

7.

8.

9.

Dì-sān bùfen
第三部分(제3부분)

잘 듣고 알맞은 답에 체크해 봅시다. (10—14) 

보기

Nán:Wǒ měi tiān wǎnshang shí diǎn zuǒyòu shuìjiào. Nǐ ne?
男：我每天晚上十点左右睡觉。你呢？

Nǚ: Wǒ jiǔ diǎn shuì， bǐ nǐ zǎo yí ge xiǎoshí.
女：我九点睡，比你早一个小时。

Wèn: Nǚ de měi tiān jǐ diǎn shuìjiào?
问：女的每天几点睡觉？

A bā diǎn 八点　B jiǔ diǎn 九点 √　C shí diǎn 十点

10. A yá téng 牙疼　B gǎnmào 感冒　C tóu téng 头疼

11. A Shànghǎi 上海　B Běijīng 北京　C Shǒu'ěr 首尔

12. A yǔ 雨　B dà fēng 大风　C xuě 雪

13. A hěn yuǎn 很远　B bù yuǎn 不远　C yǒudiǎnr yuǎn 有点儿远

14. A 223344　B 224455　C 224433

Dì-sì bùfen
第四部分(제4부분)

잘 듣고 알맞은 답에 체크해 봅시다. (15—18) 

보기

Nǚ: Nǐ wèi shénme méi lái shàngkè?
女：你为什么没来上课？

Nán: Yīnwèi wǒ shēngbìng le.
男：因为我生病了。

Nǚ: Qù yīyuàn le ma?
女：去医院了吗？

Nán: Qù le.
男：去了。

wèn: Nán de wèi shénme méi lái shàngkè?
问：男的为什么没来上课？

A 去旅游了 (qù lǚyóu le)　B 生病了 (shēngbìng le) √　C 去上课了 (qù shàngkè le)

15. A 上海 (Shànghǎi)　B 北京 (Běijīng)　C 美国 (Měiguó)

16. A 妈妈 (māma)　B 自己 (zìjǐ)　C 爸爸 (bàba)

17. A 8月1号 (8yuè1hào)　B 1月1号 (1yuè1hào)　C 1月8号 (1yuè8hào)

18. A 一个月 (yí ge yuè)　B 半年 (bàn nián)　C 一年 (yì nián)

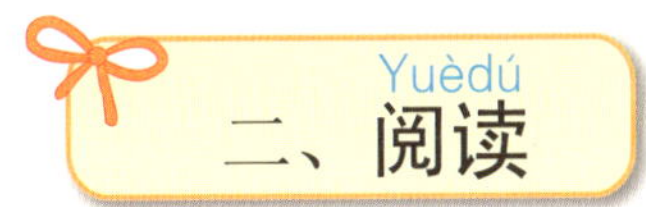

Dì-yī bùfen
第一部分(제1부분)

'보기'처럼 알맞은 그림의 알파벳을 네모칸 안에 써넣어 봅시다. (19—23)

A 

B 

C 

D 

E 

F 

Wǒ zuì xǐhuan dǎ lánqiú.
보기 我最喜欢打篮球。 C

Dìdi zài jiā li kàn diànshì ne.
19. 弟弟在家里看电视呢。

Wǒ bàba zài yīyuàn gōngzuò.
20. 我爸爸在医院工作。

Tā chànggē chàng de hěn hǎo.
21. 她唱歌唱得很好。

Wǒ de shēngrì shì hé jiārén yìqǐ guò de.
22. 我的生日是和家人一起过的。

Nǐ de yǔsǎn zhēn dà a!
23. 你的雨伞真大啊!

Dì-èr bùfen
第二部分(제2부분)

알맞은 낱말을 선택하여 문장을 만들어 봅시다. (24—28)

shìqing	bǐ	guì	xīwàng	yíkuàir	suǒyǐ
A 事情	B 比	C 贵	D 希望	E 一块儿	F 所以

보기 Jīntiān wǎnshang qù kàn diànyǐng, hǎo ma?
今天晚上（ E ）去看电影，好吗？

Zhèr de lěngmiàn yǒudiǎnr dànshì hěn hǎochī.
24. 这儿的冷面有点儿（　），但是很好吃。

Wǒ míngtiān shì ge hǎo tiānqì.
25. 我（　）明天是个好天气。

Yīnwèi gēge shēngbìng le, méi qù shàngbān.
26. 因为哥哥生病了，（　）没去上班。

Nǐ zhǎo tā hái yǒu bié de ma?
27. 你找他还有别的（　）吗？

Nǚ: Nǐ jīntiān shēntǐ zěnmeyàng?
28. 女：你今天身体怎么样？
Nán: zuótiān hǎo duō le.
男：（　）昨天好多了。

Dì-sān bùfen
第三部分(제3부분)

'보기'처럼 주어진 문장과 일치하면 √, 아니면 ×로 표시해 봅시다. (29-32)

보기 Tā 10 suì kāishǐ xué dǎ lánqiú, xiànzài yǐjīng yǒu sì nián le.
他10岁开始学打篮球，现在已经有四年了。

Tā xiànzài shísì suì.
★他现在十四岁。 (√)

Gēge xiànzài shàngbān le, měi tiān dōu fēicháng máng, suǒyǐ wánr de shíjiān hěn shǎo.
29. 哥哥现在上班了，每天都非常忙，所以玩儿的时间很少。

Gēge gōngzuò hěn máng.
★哥哥工作很忙。 (   )

Zhè běn shū shì bàba sònggěi wǒ de, fēicháng yǒu yìsi, wǒ měi tiān dōu kàn, hái yǒu liǎng tiān jiù kànwán le.
30. 这本书是爸爸送给我的，非常有意思，我每天都看，还有两天就看完了。

Zhè běn shū wǒ yǐjīng kànwán le.
★这本书我已经看完了。 (   )

Wǒ de shēngrì shì hé bàba māma yìqǐ guò de. Māma gěi wǒ zhǔnbèile hěn duō hǎochī de, bàba sòngle wǒ yì běn shū, wǒ hěn xǐhuan zhè běn shū.
31. 我的生日是和爸爸妈妈一起过的。妈妈给我准备了很多好吃的，爸爸送了我一本书，我很喜欢这本书。

Wǒ de shēngrì shì hé jiārén guò de.
★我的生日是和家人过的。 (   )

Bàba jīnwǎn yào dào jīchǎng sòng kèrén, bù néng hé wǒ qù kàn diànyǐng le.
32. 爸爸今晚要到机场送客人，不能和我去看电影了。

Jīnwǎn wǒ hé bàba qù kàn diànyǐng.
★今晚我和爸爸去看电影。 (   )

Dì-sì bùfen
第四部分(제4부분)

'보기'처럼 알맞은 문장의 알파벳을 네모칸 안에 써넣어 봅시다. (33—36)

Nǐ dào yīyuàn kànguo yīshēng ma?
A 你到医院看过医生吗?

Wǒ bù xǐhuan xià xuě de tiānqì.
B 我不喜欢下雪的天气。

Nǐ qùguo wǒ jiā ba?
C 你去过我家吧?

Tā zài nǎr ne? Nǐ kànjiàn tā le ma?
D 他在哪儿呢? 你看见他了吗?

Nǐ cóng jiā li jǐ fēnzhōng kěyǐ zǒudào dìtiě zhàn?
E 你从家里几分钟可以走到地铁站?

보기 Kànguo, hái kāile xiē yào.
看过，还开了些药。 [A]

Nǐ zhēn bù zhīdào, xuě tiān li zuò xuěrén, wán xuě qiú duō hǎo a!
33. 你真不知道，雪天里做雪人，玩雪球多好啊! [ ]

Tā hái zài jiàoshì li xuéxí.
34. 他还在教室里学习。 [ ]

Qùguo, nǐ jiā jiù zài xuéxiào hòumiàn.
35. 去过，你家就在学校后面。 [ ]

Èrshí fēnzhōng.
36. 二十分钟。 [ ]

新HSK 2급 모의문제 [2]

Dì-yī bùfen
第一部分(제1부분)

잘 듣고 그림과 일치하면 √, 아니면 ×로 표시해 봅시다. (1—5) 20-1

Dì-èr bùfen
第二部分(제2부분)

잘 듣고 알맞은 그림의 알파벳을 네모칸 안에 써넣어 봅시다. (6—9)

A 

B 

C 

D 

6.

7.

8.

9.

Dì-sān bùfen
第三部分(제3부분)

잘 듣고 알맞은 답에 체크해 봅시다. (10—12) 20-3

10. A dàngāo hé guǒzhī 蛋糕和果汁　B miànbāo hé guǒzhī 面包和果汁　C dàngāo hé niúnǎi 蛋糕和牛奶

11. A yǒudiǎnr duǎn 有点儿短　B yǒu yìdiǎnr cháng 有一点儿长　C tài cháng le 太长了

12. A 30kuài 30块　B 35kuài 35块　C 25kuài 25块

Yuèdú
二、阅读

Dì-yī bùfen
第一部分(제1부분)

문장을 읽고 알맞은 그림의 알파벳을 네모칸 안에 써넣어 봅시다. (13—17)

A 

B 

C 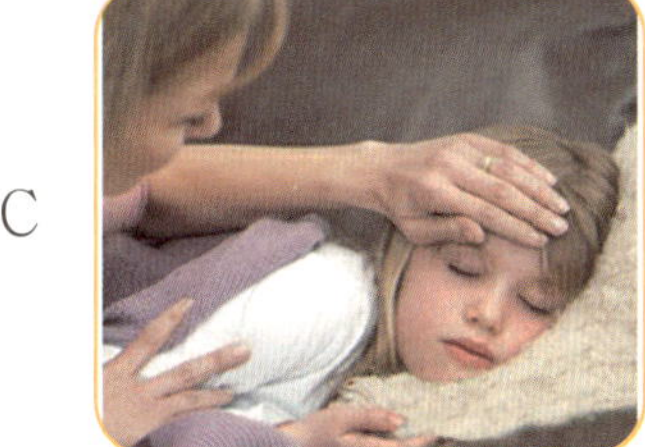

D 

E 

Zhè píngguǒ yǒudiǎnr guì, néng zài piányi diǎnr ma?
13. 这苹果有点儿贵，能再便宜点儿吗？

Tā shì lánqiú yùndòngyuán, lánqiú dǎ de fēicháng hǎo.
14. 他是篮球运动员，篮球打得非常好。

Wǒ xiǎng dú yi dú Zhōngguó de bàozhǐ.
15. 我想读一读中国的报纸。

Māma jiào wǒ hǎohāor zhàogù mèimei.
16. 妈妈叫我好好照顾妹妹。

Tā kàn shū kàn de yǎnjing dōu hóng le.
17. 他看书看得眼睛都红了。

Dì-èr bùfen
第二部分(제2부분)

알맞은 낱말을 선택하여 문장을 만들어 봅시다.（18—22）

zài / huì / xiàng / háishì / yīnwèi
A 再　B 会　C 向　D 还是　E 因为

Jīntiān bú xià yǔ ba?
18. A:今天 不(　)下雨吧?
Bù zhīdào. Nǐ háishì dài yǔsǎn ba.
B:不知道。你还是带雨伞吧。

Zěnme chuānde zhème duō?
19. A:怎么穿得这么多?
Tiānqì lěng le, duō chuān diǎnr ba.
B:天气冷了，(　)多穿点儿吧。

Xuéxí máng, yě yào xiūxi.
20. 学习(　)忙，也要休息。

Dì-yī yīyuàn zěnme zǒu?
21. A:第一医院怎么走?
qián zǒu 100 mǐ jiùshì.
B:(　)前走100米就是。

Nǐ wèi shénme bú shàngxué?
22. A:你为什么不上学?
wǒ gǎnmào le.
B:(　)我感冒了。

Dì-sān bùfen
第三部分(제3부분)

주어진 문장과 일치하면 √, 아니면×로 표시해 봅시다. (23—27)

Xiànzài shì 10diǎn bàn，tāmen yǐjīng tīle 20 fēnzhōng le.
23. 现在是10点半，他们已经踢了20分钟了。

Tāmen 10diǎn 10fēn kāishǐ tī de.
★他们10点10分开始踢的。 ( )

Jīntiān tiānqì yǒudiǎnryīn，kěnéng yào xiàyǔ，wǒmen míngtiān zài qù gōngyuán ba.
24. 今天天气有点儿阴，可能要下雨，我们明天再去公园吧。

Wàimiàn zhèngzài xià yǔ.
★外面正在下雨。 ( )

Yǒu bù zhīdào de wèntí，wǒ jiù qù wèn Xiǎo Zhāng. Kěshì wǒ juéde Xiǎo Zhāng huídá de yě bú tài duì.
25. 有不知道的问题，我就去问小张。可是我觉得小张回答的也不太对。

Xiǎo Zhāng méiyǒu huídá "wǒ" de wèntí.
★小张没有回答"我"的问题。 ( )

Nǚ: Fúwùyuán，qǐngwèn 109hào fángjiān zěnme zǒu?
26. 女：服务员，请问109号房间怎么走？

Nán: Xiàng qián zǒu，zuǒbian dì-èr ge mén jiù shì.
男：向前走，左边第二个门就是。

Tāmen kěnéng zài bīnguǎn.
★他们可能在宾馆。 ( )

Wǒ néng jiāo nǐ Hànyǔ，búguò nǐ yào bāngzhù wǒ xuéxí Hánguóyǔ.
27. 我能教你汉语，不过你要帮助我学习韩国语。

"Wǒ" huì shuō Hànyǔ.
★"我"会说汉语。 ( )

정답

1 每天早上几点起床

1. 听力

Miàntiáo bǐ mǐfàn hǎochī.
①面条比米饭好吃。 (B)

Xīguā bǐ píngguǒ dà.
②西瓜比苹果大。 (C)

Bàba měi tiān wǎnshang 6 diǎn zuǒyòu huí jiā.
③爸爸每天晚上6点左右回家。 (B)

2. 听力

Xuéxiào de zuǒbian shì shāngdiàn.
보기:学校的左边是商店。

Wèn: Shāngdiàn zài xuéxiào de nǎ biān?
问：商店在学校的哪边？ (A)

Wǎnshang wǒ chīle mǐfàn hé jīdàn.
①晚上我吃了米饭和鸡蛋。

Wèn: "Wǒ" shì shénme shíhou chī de?
问："我"是什么时候吃的？ (C)

Wǒ měi tiān zǎoshang 6 diǎn zuǒyòu qǐchuáng, 7 diǎn bàn shàngxué.
②我每天早上6点左右起床，7点半上学。

Wèn: Měi tiān zǎoshang 7 diǎn bàn, "wǒ" zuò shénme?
问：每天早上7点半，"我"做什么？ (B)

Huídào jiā, wǒ xǐ liǎn、shuā yá hòu shuìjiào le.
③回到家，我洗脸、刷牙后睡觉了。

Wèn: "Wǒ" méi zuò de shì shénme?
问："我"没做的是什么？ (C)

3. ① C ② A ③ B ④ D

4. ① B ② C ③ E ④ A ⑤ D

5.

Píngguǒ bǐ jīdàn dà.
①苹果比鸡蛋大。

Jīdàn bǐ píngguǒ xiǎo.
鸡蛋比苹果小。

Jiějie bǐ dìdi dà sān suì.
②姐姐比弟弟大三岁。

Dìdi bǐ jiějie xiǎo sān suì.
弟弟比姐姐小三岁。

Tā bǐ tā wǎn shuì yí ge xiǎoshí.
③她比他晚睡一个小时。

Tā bǐ tā zǎo shuì yí ge xiǎoshí.
他比她早睡一个小时。

2 为什么没来上课

1. 听力

Nǐmen jǐ diǎn shàngbān?
①你们几点上班？ (×)

Kànwán yīshēng hòu, wǒ hái mǎile xiē yào.
②看完医生后，我还买了些药。 (×)

Jiàoshì li dōu yǒu shéi?
③教室里都有谁？ (×)

Tā de bìng hái méiyǒu hǎo.
④她的病还没有好。 (√)

Yīnwèi méiyǒu shíjiān, suǒyǐ bú kàn diànshì.
⑤因为没有时间，所以不看电视。 (×)

2.

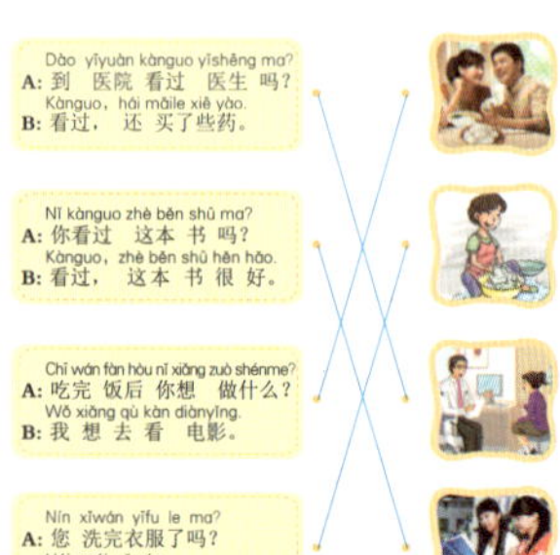

3. Tā wèi shénme méi chī zǎofàn?
①她为什么没吃早饭？

Yīnwèi tā méiyǒu shíjiān, suǒyǐ méi chī zǎofàn.
因为她没有时间，所以没吃早饭。

Tā wèi shénme bú shuìjiào?
②他为什么不睡觉？

Yīnwèi tā xiǎng kàn diànshì, suǒyǐ bú shuìjiào.
因为他想看电视，所以不睡觉。

3 生日是怎么过的

1. 听力

Xiǎomíng hé tóngxuémen yìqǐ chànggē.
①小明和同学们一起唱歌。 (B)

Shì yí ge nǚ yīshēng gěi wǒ kàn bìng de.
②是一个女医生给我看病的。 (B)

Huí jiā de shíhou, yǔ xià de hěn dà.
③回家的时候，雨下得很大。 (A)

Tā tiàowǔ tiào de hěn hǎo.
④她跳舞跳得很好。 (C)

2. ① B ② A ③ D ④ C

3.

Értóng Jié shì hé shéi yìqǐ guò de?
①儿童节是和谁一起过的？

Wǒ shì hé xiǎopéngyǒumen yìqǐ guò de.
我是和小朋友们一起过的。

Mǔqīn Jié shì hé shéi yìqǐ guò de?
②母亲节是和谁一起过的？

Wǒ shì hé bàba māma yìqǐ guò de.
我是和爸爸妈妈一起过的。

4 今晚一块儿去看电影

1. 听力

Jīntiān zuòyè hěn duō, kàn bu liǎo diànshì.
①今天作业很多，看不了电视。

Wǒ hěn xiǎng qù Zhōngguó lǚyóu.
②我很想去中国旅游。

Dìdi hěn ài wán yóuxì.
③弟弟很爱玩游戏。

Xiàwǔ wǒ yào qù dǎ lánqiú.
④下午我要去打篮球。

3

2

1

4

2. 听力

Nǎinai zuò chuán lái ma?
①A:奶奶坐船来吗？

Bú shì, nǎinai niánjì dà, zuò bu liǎo chuán, tā zuò huǒchē lái.
B:不是，奶奶年纪大，坐不了船，她坐火车来。

Wèn: Nǎinai shì zuò shénme lái de?
问：奶奶是坐什么来的？ (A)

Xīngqītiān, nǐ yǒu shénme shì?
②A:星期天，你有什么事？

Méi shénme shì, wǒ yào zài jiā xiūxi.
B:没什么事，我要在家休息。

Wèn: Xīngqītiān, tā yào zuò shénme?
问：星期天，他要做什么？ (B)

Wǒmen chī lěngmiàn, hǎo ma?
③A:我们吃冷面，好吗？

Wǒ chī bu liǎo lěngmiàn, wǒ yào chī fàn.
B:我吃不了冷面，我要吃饭。

Wèn: Nán de chī bu liǎo shénme?
问：男的吃不了什么？ (C)

3.

Wǒmen yíkuàir qù shāngdiàn, hǎo ma?
A: 我们 一块儿去商店， 好吗？
Duìbuqǐ, jīntiān yǒu shì qù bu liǎo.
B: 对不起，今天 有 事 去不了。

Nǐ jīntiān yǒu shénme shì?
A: 你今天 有 什么 事？
Wǒ yào hé bàba qù kàn diànyǐng.
B: 我 要和爸爸 去 看 电影。

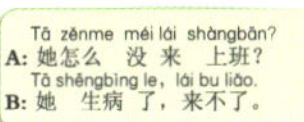

Tā zěnme méi lái shàngbān?
A: 她怎么 没 来 上班？
Tā shēngbìng le, lái bu liǎo.
B: 她 生病 了，来不了。

4. ① C ② D ③ B，A

5 希望明天下雪

1. 听力

Tiānqì yùbào shuō jīntiān kěnéng guā dà fēng.
①天气预报 说 今天 可能 刮 大风。 (C)

Bàba zuò de cài zhēn hǎochī.
②爸爸做的菜 真 好吃。 (A)

Wǒ xīwàng yǒu yí ge xiǎo mèimei.
③我 希 望 有一个 小 妹妹。 (B)

Nǐ néng qù Měiguó lǚyóu, duō hǎo a!
④你 能 去美 国 旅游，多 好啊！ (A)

2. ① C ② A ③ E ④ D

3.

Tiānqì yùbào shuō míngtiān yǒu dà xuě, hái guā fēng.
①天气 预报 说 明 天 有大雪，还 刮 风。

Yīnwèi xià xuě néng zuò xuěrén, wán xuě qiú.
②因为 下 雪 能 做 雪人，玩 雪 球。

Wǒ xīwàng míngtiān xià xuě.
③我 希 望 明 天 下 雪。

6 学校离你家远不远

1. 听力

Wǒ jiā lí dìtiě zhàn bù yuǎn.
①我家离地铁 站 不远。 (√)

Wǒ bà měi tiān xiàwǔ 5 diǎn jiù xiàbān le.
②我爸每 天 下午5点 就 下班了。 (×)

Wǒmen cóng 4 yuè 2 hào kāishǐ shàngkè.
③我们 从 4月 2号 开始上课。 (×)

Nǐ de fēijī fēi de yuǎn bu yuǎn?
④你的飞机 飞得 远 不 远？ (√)

Zhè běn shū, wǒ yì tiān jiù kànwán le.
⑤这 本 书，我一天就看 完 了。 (√)

2. ① C ② B ③ D ④ A

7 能告诉我小明的手机号码

1. 听力

Wǒ bàba shì sījī, tā kāi gōnggòng qìchē.
①我爸爸是司机，他开 公 共 汽车。 (A)

Māma ràng wǒ xǐ wàzi.
②妈妈 让 我洗袜子。 (C)

Nǐ zài nǎr?
③A: 你在哪儿？
Wǒ zài nǎinai jiā li.
B: 我在奶奶家里。 (C)

Néng gàosu wǒ tā zài nǎr ma?
④A: 能 告诉我他在哪儿吗？
Tā zài diànyǐngyuàn kàn diànyǐng ne.
B: 他在 电 影 院 看 电 影 呢。 (B)

2. ① C ② B ③ A ④ D

3.

Bàba ràng wǒ zhǎo shǒujī.
①爸爸 让 我 找 手机。

Māma ràng wǒ xǐ chènshān.
②妈妈 让 我洗 衬 衫。

Lǎoshī ràng wǒ zài hēibǎn shang xiě Hànzì.
③老师 让 我 在 黑板 上 写汉字。

8 穿运动服的人是谁

1. 听力

Chuān qúnzi de nǚhái shì shéi?
①A: 穿 裙子的女孩是 谁？
Tā shì wǒ jiějie.
B: 她是 我姐姐。

Chuān yùndòngfú de rén shì shéi?
②A: 穿 运动服的人是 谁？
Tā shì wǒ gēge.
B: 他是 我哥哥。

Chuān báisè kùzi de rén shì shéi?
③A: 穿 白色裤子的人是 谁？
Tā shì wǒ de yóuyǒng lǎoshī.
B: 她是 我的 游 泳 老师。

2. 听力

Jiějie xué tiàowǔ yǒu bàn nián le.
①姐姐学 跳舞 有 半 年 了。
Wèn: Jiějie xué tiàowǔ yǒu duō cháng shíjiān le?
问：姐姐学 跳舞 有 多 长 时间 了？ (B)

Zài nàli xiàozhe shuōhuà de rén shì Wáng lǎoshī de qīzi.
②在那里 笑着 说 话 的 人 是 王 老师的妻子。
Wèn: Xiàozhe shuōhuà de rén shì shéi?
问： 笑 着 说 话 的人是 谁？ (C)

Tā pángbiān chuānzhe hóngsè qúnzi de nǚhái shì wǒ mèimei.
③他 旁 边 穿 着 红 色裙子的女孩是我妹妹。
Wèn: Mèimei chuān de qúnzi shì shénme yánsè de?
问： 妹 妹 穿 的裙子是 什 么 颜色 的？ (C) 

3.

Tāmen xiàozhe shuōhuà.
他们 笑着 说话。

Tā zuòzhe kàn shū.
他坐着 看 书。

Tā zǒuzhe shàngxué.
她走着 上学。

4. ① B ② C ③ D ④ A

9 你最喜欢什么运动

1. 听力

Nǐ bàba zuì xǐhuan shénme yùndòng?
①A: 你爸爸最 喜欢 什 么 运 动？
Wǒ bàba zuì xǐhuan yóuyǒng.
B: 我爸爸最 喜欢 游泳。

Huǒchē bǐ fēijī màn, dànshì māma xǐhuan zuò huǒchē.
②火车 比飞机 慢，但是妈妈 喜欢坐 火车。

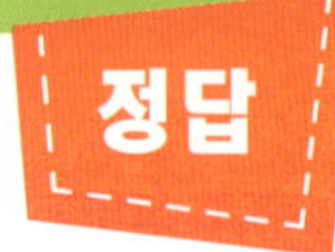

Dìdi jǐ suì kāishǐ xué gāngqín de?
③A:弟弟几岁开始学钢琴的?
Sì suì jiù kāishǐ xué le.
B:四岁就开始学了。
Jiějie xué Hànyǔ xué jǐ nián le?
④A:姐姐学汉语学几年了?
Yǐjing yǒu liǎng nián le.
B:已经有两年了。

2.
Lěngmiàn yǒudiǎnr guì, dànshì fēicháng hǎochī.
①冷面有点儿贵，但是非常好吃。
Nǐ shì jǐ suì kāishǐ xué gāngqín de?
②A:你是几岁开始学钢琴的?
Wǒ 6 suì jiù kāishǐ xué gāngqín le.
B:我6岁就开始学钢琴了。

3. ① √　② √　③ ×

10 欢迎你们来到我家

1. 听力
Zhè kuài dàngāo zhēn hǎochī.
①这块蛋糕真好吃。 (B)
Huānyíng nǐmen láidào wǒ jiā.
②欢迎你们来到我家。 (C)
Wǒ chīle ge miànbāo hé bǐnggān.
③我吃了个面包和饼干。 (A)

2. 听力
Xiǎomíng de shǒubiǎo zhēn piàoliang.
①A:小明的手表真漂亮。
Tīngshuō shì shēngrì nà tiān jiějie gěi tā mǎi de.
B:听说是生日那天姐姐给他买的。
Xiǎomíng de shū zhēn yǒu yìsi.
②A:小明的书真有意思。
Tīngshuō shì tā gēge gěi tā mǎi de.
B:听说是他哥哥给他买的。
Xiǎomíng de xié zhēn piàoliang.
③A:小明的鞋真漂亮。
Tīngshuō shì tā yéye gěi tā mǎi de.
B:听说是他爷爷给他买的。

3.
Nǐ jīntiān chīle shénme? Wǒ jīntiān chīle bǐnggān.
①A:你今天吃了什么? B:我今天吃了饼干。
Nǐ jīntiān chīle shénme? Wǒ jīntiān chīle dàngāo.
②A:你今天吃了什么? B:我今天吃了蛋糕。
Nǐ jīntiān hēle shénme? Wǒ jīntiān hēle guǒzhī.
③A:你今天喝了什么? B:我今天喝了果汁。
Nǐ jīntiān hēle shénme? Wǒ jīntiān hēle niúnǎi.
④A:你今天喝了什么? B:我今天喝了牛奶。

4.
Kuài shuìjiào! Kuài qǐchuáng! Tài lěng le. Zhēn hǎochī.
①快睡觉! ②快起床! ③太冷了。 ④真好吃。

5. C, E, D, A, B

11 今天早上你吃什么了

1. 听力
Jīntiān zǎoshang nǐ chī shénme le?
①A:今天早上你吃什么了?
Wǒ chīle yí kuàir dàngāo hé yì bēi niúnǎi.
B:我吃了一块儿蛋糕和一杯牛奶。 (B)
Nǐ zěnme chī de zhème shǎo?
②A:你怎么吃得这么少?
Yīnwèi wǒ yào qù yóuyǒng, háishì shǎo chī yìdiǎn ba.
B:因为我要去游泳，还是少吃一点吧。 (B)
Hánguórén dōu ài chī mǐfàn ba?
③A:韩国人都爱吃米饭吧?
Dōu ài chī, búguò yě yǒu hěn duō rén xǐhuan chī miàntiáo.
B:都爱吃，不过也有很多人喜欢吃面条。 (B)
Jīntiān tiānqì zěnmeyàng?
④A:今天天气怎么样?
Jīntiān hěn lěng, nǐ háishì duō chuān diǎn ba.
B:今天很冷，你还是多穿点吧。 (A)

2.

3. ① A　② B　③ B

4. ① B　② D, E　③ C　④ A

12 你哥的眼睛怎么红了

1. 听力
Tā de yǎnjing zěnme hóng le?
①他的眼睛怎么红了? (√)
Wǒ juéde Hànyǔ hěn nán.
②我觉得汉语很难。 (√)
Wǒmen zuìhǎo qù wèn nǎinai ba.
③我们最好去问奶奶吧。 (×)

2. 听力
Gōngzuò zài máng yě yào xiūxi.
①工作再忙也要休息。
Xuéxí zài máng yě yào chī fàn.
②学习再忙也要吃饭。
Yǔ zài dà, yě yào qù shàngxué.
③雨再大，也要去上学。

3. C, B, A, D

4.
Xuéxiào dōngmiàn yǒu yīyuàn, xīmiàn yǒu huǒchēzhàn, nánmiàn yǒu chāoshì, běimiàn yǒu fànguǎn.
学校东面有医院，西面有火车站，南面有超市，北面有饭馆。

6. ① 觉得，忙，要

是，对，说，就是

② 眼，么

明天，累

13 你去过上海吗

1. 听力

Wǒ de fángjiānshì yāo líng liù hào.
①我的房间是幺零六号。

Yìbǎi líng wǔ yuán yì zhāng.
②一百零五元一张。

Shì zuò huǒchē qù de.
③是坐火车去的。

Yòubian dì-èr ge mén jiù shì.
④右边第二个门就是。

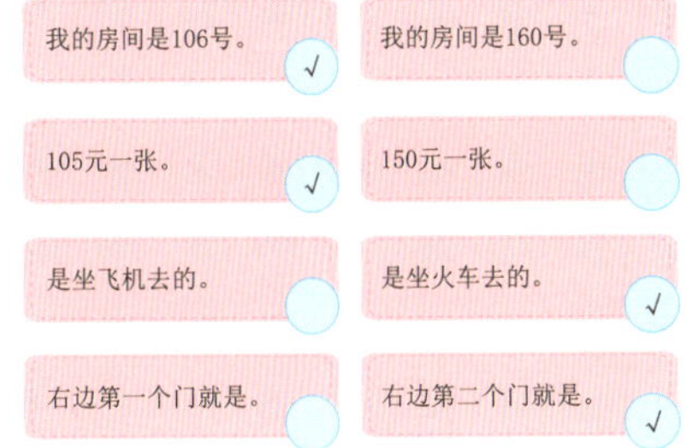

我的房间是106号。 ✓	我的房间是160号。
105元一张。 ✓	150元一张。
是坐飞机去的。	是坐火车去的。 ✓
右边第一个门就是。	右边第二个门就是。 ✓

2. 听力

Nǐ qùguo Zhōngguó ma?
①A:你去过中国吗？

Qùnián hé péngyou yìqǐ qùguò.
B:去年和朋友一起去过。 (C)

diànyǐng piào yì zhāng duōshao qián?
②A:电影票一张多少钱？

50 yuán yì zhāng.
B:50元一张。 (A)

Nǐ de fángjiān shì jǐ hào?
③A:你的房间是几号？

Wǒ de fángjiān shì wǔ líng yāo hào.
B:我的房间是五零幺号。 (B)

3. ① B ② D ③ C ④ A

4. A B A B A

6.

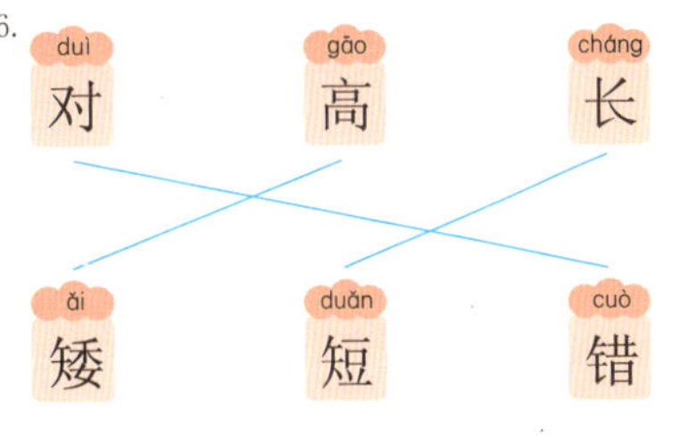

14 多少钱

1. 听力

Māma, zhège píngguǒ yǒudiǎn suān, yǒu méiyǒu tián yìdiǎnr de?
①A:妈妈，这个苹果有点酸，有没有甜一点儿的？

Jiā li méiyǒu tián de le.
B:家里没有甜的了。 (B)

zhège lěngmiàn tài xián le, wǒ chī bu liǎo.
②A:这个冷面太咸了，我吃不了。

Nà nǐ xiǎng chī diǎnr shénme?
B:那你想吃点儿什么？

Wǒ xiǎng chī dàn yìdiǎnr de.
A:我想吃淡一点儿的。 (A)

Wǎnshang nǐ yǒu shénme shì ma?
③A:晚上你有什么事吗？

Wǎnshang wǒ yào dào jīchǎng sòng gēge.
B:晚上我要到机场送哥哥。 (C)

Qǐngwèn, nín yào diǎnr shénme?
④ A:请问，您要点儿什么？

Yì jīn yángròu duōshao qián?
B:一斤羊肉多少钱？

Yì jīn shíliù kuài, nín yào duōshao?
A:一斤十六块，您要多少？

Wǒ yào sān jīn.
B:我要三斤。 (D)

2.

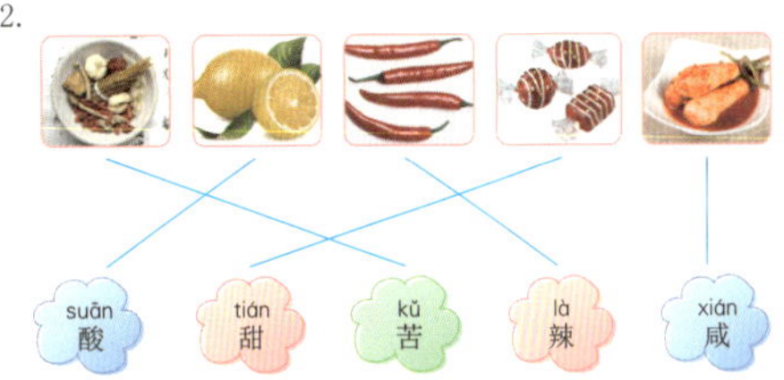

3.

380 yuán.
①B:380元。

Yì gōngjīn èrshí kuài.
②A:一公斤二十块。

Zhè'r yǒu yú ma?
③A:这儿有鱼吗？

Wǒ yào liǎng tiáo.
A:我要两条。

5. ① D ② A ③ E ④ B ⑤ F ⑥ C

15 你能找到小明家吗

1. 听力

Nǐ zěnme le?
①A:你怎么了？

Wǒ fāshāo le.
B:我发烧了。

Qù yīyuàn jiǎnchá yíxià ba.
A:去医院检查一下吧。

Hǎo de. Xièxie nǐ de guānxīn.
B:好的。谢谢你的关心。

정답

Tiān yǐjīng hēi le, wǒ sòng nǐ huí jiā ba.
②A:天已经黑了，我 送 你回家吧。
Tài xièxie nǐ le.
B:太谢谢你了。
Nǐ zài zuò shénme ne?
③A:你在 做 什 么 呢?
Wǒ zhèngzài huà huà ne.
B:我 正 在 画 画 呢。
Nǐ gēge zhèngzài zuò shénme ne?
④A:你哥哥 正 在 做 什 么 呢?
Tā zhèngzài hé māma shuōhuà ne.
B:他 正 在 和妈妈 说 话 呢。

4

2

1

3

2. 听力
Bàba zǎoshang jiào nǐ gàn shénme?
①A:爸爸 早 上 叫你干 什 么?
Bàba jiào wǒ qǐchuáng.
B:爸爸叫 我 起 床。 (C)
Zuótiān wǎnshang māma hé nǐ shuō shénme le?
②A:昨天 晚 上 妈妈和你 说 什 么了?
Māma jiào wǒ búyào wán yóuxì.
B:妈妈 叫 我不要 玩 游戏。 (A)

3. ① B ② A ③ D ④ C

4. ① A ② D ③ B ④ C

5.
Wéi, shì Xiǎomíng ma? Nǐ dào jiā le ma?
A:喂，是 小 明 吗? 你到家了吗?
Bàba, wǒ yǐjīng dào jiā le.
B:爸爸，我已经 到 家 了。
Nǐ zhèngzài zuò shénme ne?
A:你 正 在 做 什 么 呢?
Wǒ zhèngzài kàn diànshì ne.
B:我 正 在 看 电 视 呢。
Nǐ māma zài zuò shénme ne?
A:你妈妈 在 做 什 么 呢?
Wǒ māma zài dǎsǎo fángjiān ne.
B:我 妈妈在打扫房 间 呢。

16 你的新朋友叫什么

1. 听力
Nǐ néng tīngdǒng Hànyǔ ma?
①你 能 听 懂 汉语 吗?
Gěi dàjiā jièshào yíxià xīn péngyou.
②给大家介绍一下新 朋 友。
Nǐ yào bāngzhù tā xuéxí Hànyǔ.
③你要 帮 助 他学习汉语。

能	你	听懂	吗	汉语
2	1	3	5	4
大家	介绍	给	一下	新朋友
2	3	1	4	5
学习汉语	他	你	帮助	要
5	4	1	3	2

2. 听力
Wǒ zài túshūguǎn xuéxí ne.
①我在图书馆学习呢。 (B)
Tā shì wǒmen xuéxiào de xiàozhǎng.
②他是 我 们 学 校 的校 长。 (A)
Lǎoshī yào qù jiàoxuélóu.
③老师 要去教学楼。 (C)

3. ① A ② C ③ D ④ B

4. ①看得懂，看不懂

②看得见，看不见

③做得到，做不到

④吃得完，吃不完

6. 新，什么

金， 金，一

中

17 还有别的事吗

1. 听力
Dìdi de kùzi shì huángsè de.
①弟弟的裤子是 黄 色 的。
Māma de qúnzi shì hóngsè de.
②妈妈的裙子是 红 色 的。
Wǒ de màozi shì lánsè de.
③我的帽子是蓝色的。
Wǒ jiā de xiǎo māo shì hēisè de.
④我家的 小 猫 是黑色的。

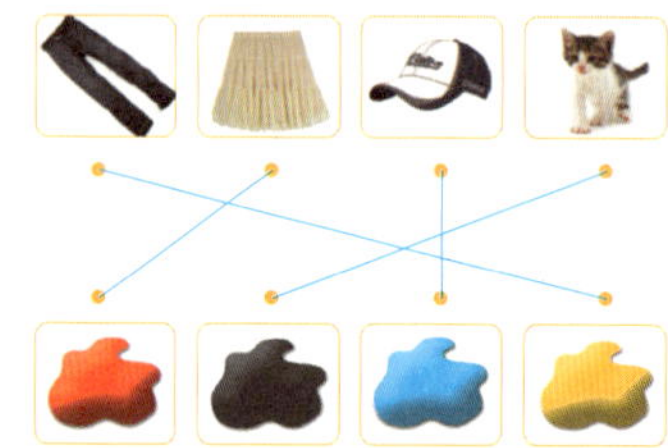

2. 听力
Jīntiān wǒmen kǎole Hànyǔ. Kǎoshì tí yǒu tīng de、shuō de、dú de hé xiě de. Wǒ
今天 我 们 考了汉语。考试题有 听 的、说 的、读的和写的。我
juéde tīng hé xiě kǎo de dōu búcuò, dànshì shuō hé dú kǎo de bú tài hǎo.
觉得听和写 考得都 不错，但是 说 和读考得不太好。

① B ② C

3.

① 运动一下，运动运动

② 高兴一下，高兴高兴

③ 休息一下，休息休息

4. ① A ② B ③ D ④ C

5.
Yīngyǔ kǎo de búcuò, shùxué kǎo de bù hǎo.
①英语 考得不错，数学 考得不好。
Méiyǒu le.
②没有 了。
Tā zhèngzài chī wǔfàn ne.
③她 正 在 吃午饭呢。

18 你是在什么地方学习汉语的

1. 听力

Zhèr de shuǐguǒ duō piányi, wǒmen yě mǎi diǎnr ba.
①A:这儿的水果多便宜，我们也买点儿吧。
Hǎo ba.
B:好吧。
Zhè jiàn yīfu shì zài shénme dìfang mǎi de?
②A:这件衣服是在什么地方买的?
Shì zài bǎihuò shāngdiàn mǎi de.
B:是在百货商店买的。
Zuìjìn nǐ qù nǎr le?
③A:最近你去哪儿了?
Wǒ qù Rìběn le.
B:我去日本了。
Nǐ wèi shénme xué Hànyǔ?
④A:你为什么学汉语?
Yīnwèi wǒ xiǎng liǎojiě yíxià Zhōngguó.
B:因为我想了解一下中国。

4

2

3

1

2. 听力

Nǚ: Zuìjìn nǐ qù nǎr le?
①女:最近你去哪儿了?
Nán: Zuìjìn wǒ qùle yí cì Zhōngguó.
男:最近我去了一次中国。
Nǚ: Shì ma? Nǐ xǐhuan Zhōngguó ma?
女:是吗?你喜欢中国吗?
Nán: Fēicháng xǐhuan.
男:非常喜欢。
Wèn: Nán de zuìjìn qù nǎr le?
问:男的最近去哪儿了? (C)

Nán: Nǐ Hànyǔ shuō de zhēn hǎo, néng dú bàozhǐ le ba?
②男:你汉语说得真好，能读报纸了吧?
Nǚ: Néng dú yìxiē jiǎndān de bàozhǐ.
女:能读一些简单的报纸。
Nán: Nà zhège zì zěnme dú?
男:那这个字怎么读?
Nǚ: Zhè zhēn bù hǎo huídá, zuìhǎo qù wènwen Hànyǔ lǎoshī ba.
女:这真不好回答，最好去问问汉语老师吧。
Wèn: Nǚ de néng dú bàozhǐ ma?
问:女的能读报纸吗? (C)

Nán: Nǐ shì zài shénme dìfang xuéxí Hànyǔ de?
③男:你是在什么地方学习汉语的?
Nǚ: Wǒ shì zài Hánguó de Zhōngguóyǔ xuéxiào xué de.
女:我是在韩国的中国语学校学的。
Nán: Shì ma? Nǐ shuō de zhēn hǎo!
男:是吗?你说得真好!
Nǚ: Xièxie!
女:谢谢!
Wèn: Nǚ de shì zài nǎr xuéxí Hànyǔ de?
问:女的是在哪儿学习汉语的? (B)

3.

Hànzì xiě de duō hǎo, nǐ néng xiě xìn ba?
A: 汉字写得多好，你能写信吧?
Néng xiě yìxiē jiǎndān de xìn.
B: 能写一些简单的信。

Wèi shénme bù kāi kōngtiáo?
A: 为什么不开空调?
Yīnwèi wǒ bù juéde rè.
B: 因为我不觉得热。

Zhàopiàn shì zài shénme dìfang zhào de?
A: 照片是在什么地方照的?
Zhàopiàn shì zài Rìběn zhào de.
B: 照片是在日本照的。

4. ① B ② D ③ C ④ A

6. ① 电 ② 机 ③ 冰 ④ 空

新HSK 2급 모의문제 [1]

Tīnglì cáiliào:
听力材料:

第一部分
Dì-yī bùfen

Yígòng 4 gè tí, měi tí tīng liǎng cì.
一共4个题，每题听两次。
Lìrú: Wǒ měi tiān zǎoshang wǔ diǎn bàn qǐchuáng.
例如:我每天早上五点半起床。
Xiànzài kāishǐ dì 1 tí:
现在开始第1题:
Tā shì Hánguórén.
1. 她是韩国人。
Chūn Jié kuàilè!
2. 春节快乐!
Māma gěi wǒ zhǔnbèile hěn duō hǎochī de.
3. 妈妈给我准备了很多好吃的。
Tāmen zài zuò xuěrén.
4. 他们在做雪人。

第二部分
Dì-èr bùfen

Yígòng 5 gè tí, měi tí tīng liǎng cì.
一共5个题，每题听两次。
Lìrú: Nán: Nǐ měi tiān zǎoshang jǐ diǎn shàngxué?
例如:男:你每天早上几点上学?
Nǚ: Wǒ měi tiān zǎoshang qī diǎn shàngxué.
女:我每天早上七点上学。
Xiànzài kāishǐ dì 5 tí:
现在开始第5题:
Nán: Nǐ jīntiān yǒu shénme shì?
5. 男:你今天有什么事?
Nǚ: Wǒ yào hé jiějie qù kàn diànyǐng.
女:我要和姐姐去看电影。
Nán: Nǐ kànguo zhè běn shū ma?
6. 男:你看过这本书吗?
Nǚ: Kànguo, zhè běn shū fēicháng yǒu yìsi.
女:看过，这本书非常有意思。
Nán: Nǐ zěnme le?
7. 男:你怎么了?
Nǚ: Wǒ kěnéng gǎnmào le.
女:我可能感冒了。
Nǚ: Nǐ xǐhuan shénme yùndòng?
8. 女:你喜欢什么运动?
Nán: Wǒ xǐhuan dǎ lánqiú.
男:我喜欢打篮球。
Nán: Nǐ měi tiān zǎoshang jǐ diǎn cóng jiā li chūlái?
9. 男:你每天早上几点从家里出来?
Nǚ: Wǒ měi tiān zǎoshang liù diǎn bàn jiù cóng jiā li chūlái le.
女:我每天早上六点半就从家里出来了。

第三部分
Dì-sān bùfen

Yígòng 5 gè tí, měi tí tīng liǎng cì.
一共5个题，每题听两次。
Lìrú: Nán: Wǒ měi tiān wǎnshang shí diǎn zuǒyòu shuìjiào. Nǐ ne?
例如:男:我每天晚上十点左右睡觉。你呢?
Nǚ: Wǒ jiǔ diǎn shuì, bǐ nǐ zǎo yí ge xiǎoshí.
女:我九点睡，比你早一个小时。
Wèn: Nǚ de měi tiān jǐ diǎn shuìjiào?
问:女的每天几点睡觉?
Xiànzài kāishǐ dì 10 tí:
现在开始第10题:
Nán: Zuótiān nǐ wèi shénme méi lái shàngkè?
10. 男:昨天你为什么没来上课?
Nǚ: Yīnwèi wǒ gǎnmào le, suǒyǐ méi lái shàngkè.
女:因为我感冒了，所以没来上课。
Wèn: Nǚ de yīnwèi shénme méi lái shàngkè?
问:女的因为什么没来上课?

Nán: Nǐ yào dào nǎlǐ qù lǚyóu?
11. 男：你要到哪里去旅游？
Nǚ: Wǒ yào dào Běijīng qù lǚyóu.
女：我要到北京去旅游。
Wèn: Nǚ de yào qù nǎr lǚyóu?
问：女的要去哪儿旅游？

Nán: Zhè jǐ tiān yǒu yǔ ma?
12. 男：这几天有雨吗？
Nǚ: Tiānqì yùbào shuō míngtiān kěnéng yǒu yǔ.
女：天气预报说明天可能有雨。
Wèn: Míngtiān kěnéng yǒu shénme?
问：明天可能有什么？

Nán: Xuéxiào lí nǐ jiā yuǎn bu yuǎn?
13. 男：学校离你家远不远？
Nǚ: Xuéxiào lí wǒ jiā hěn jìn, zǒulù zǒu wǔ liù fēnzhōng jiù kěyǐ dào.
女：学校离我家很近，走路走五六分钟就可以到。
Wèn: Nǚ de jiā lí xuéxiào yuǎn ma?
问：女的家离学校远吗？

Nán: Nín néng gàosu wǒ Xiǎomíng de shǒujī hào ma?
14. 男：您能告诉我小明的手机号吗？
Nǚ: Tā de shǒujī hào shì 224433.
女：他的手机号是224433。
Wèn: Xiǎomíng de shǒujī hào shì duōshao?
问：小明的手机号是多少？

Dì-sì bùfen
第四部分

Yígòng 4 gè tí, měi tí tīng liǎng cì.
一共4个题，每题听两次。

Lìrú: Nǚ: Nǐ wèi shénme méi lái shàngkè?
例如：女：你为什么没来上课？
Nán: Yīnwèi wǒ shēngbìng le.
男：因为我生病了。
Nǚ: Qù yīyuàn le ma?
女：去医院了吗？
Nán: Qù le.
男：去了。
Wèn: Nán de wèi shénme méi lái shàngkè?
问：男的为什么没来上课？

Xiànzài kāishǐ dì 15 tí:
现在开始第15题：

Nán: Nǐ qùguo Zhōngguó ma?
15. 男：你去过中国吗？
Nǚ: Qùguo.
女：去过。
Nán: Nà nǐ qùguo Shànghǎi ma?
男：那你去过上海吗？
Nǚ: Méi qùguo, dàn wǒ qùguo Běijīng.
女：没去过，但我去过北京。
Wèn: Nǚ de qùguo nǎr?
问：女的去过哪儿？

Nán: Nǐ de shūbāo shì zài nǎr mǎi de?
16. 男：你的书包是在哪儿买的？
Nǚ: Shì zài chāoshì mǎi de.
女：是在超市买的。
Nán: Nǐ zìjǐ mǎi de ma?
男：你自己买的吗？
Nǚ: Bú shì, shì māma gěi wǒ mǎi de.
女：不是，是妈妈给我买的。
Wèn: Nǚ de shūbāo shì shéi gěi mǎi de?
问：女的书包是谁给买的？

Nán: Nǐ de shēngrì shì jǐ yuè jǐ hào?
17. 男：你的生日是几月几号？
Nǚ: Wǒ de shēngrì shì 8 yuè 8 hào. Nǐ ne?
女：我的生日是8月8号。你呢？
Nán: Wǒ de shēngrì shì 1 yuè 8 hào.
男：我的生日是1月8号。
Wèn: Nán de shēngrì shì jǐ yuè jǐ hào?
问：男的生日是几月几号？

Nán: Nǐ xué Hànyǔ duō cháng shíjiān le?
18. 男：你学汉语多长时间了？
Nǚ: Wǒ xué Hànyǔ yǒu yì nián le.
女：我学汉语有一年了。
Nán: Xué Hànyǔ nán bu nán?
男：学汉语难不难？
Nǚ: Hěn nán, dànshì hěn yǒu yìsi.
女：很难，但是很有意思。
Wèn: Nǚ de xué Hànyǔ duō cháng shíjiān le?
问：女的学汉语多长时间了？

모의문제 [1] 정답

一、听力

第一部分

1. × 2. √ 3. × 4. √

第二部分

5. B 6. F 7. E 8. D 9. A

第三部分

10. B 11. B 12. A 13. B 14. C

第四部分

15. B 16. A 17. C 18. C

二、阅读

第一部分

19. F 20. E 21. D 22. B 23. A

第二部分

24. C 25. D 26. F 27. A 28. B

第三部分

29. √ 30. × 31. √ 32. ×

第四部分

33. B 34. D 35. C 36. E

Tīnglì kǎoshì xiànzài jiéshù.
听力考试现在结束。

新HSK 2급 모의문제 [2]

Tīnglì cáiliào:
听力材料：

Dì-yī bùfen
第一部分

Yígòng 5 gè tí, měi tí tīng liǎng cì.
一共5个题，每题听两次。

Xiànzài kāishǐ dì 1 tí:
现在开始第1题：

Nǚ: Kuài qǐng zuò, qǐng hē chá.
1. 女：快请坐，请喝茶。
Nán: Xièxie āyí!
男：谢谢阿姨！

Nǚ: Huǒchēpiào guì bu guì?
2. 女：火车票贵不贵？
Nán: Bú tài guì, 40 yuán yì zhāng.
男：不太贵，40元一张。

Nǚ: Bīngxiāng li dōu yǒu nǎxiē chī de?
3. 女：冰箱里都有哪些吃的？
Nán: Yǒu xiāngjiāo、niúnǎi hé dàngāo.
男：有香蕉、牛奶和蛋糕。

Nán: Nǐ jiā dōu yǒu nǎxiē rén?
4. 男：你家都有哪些人？
Nǚ: Yǒu bàba、māma、gēge hé wǒ.
女：有爸爸、妈妈、哥哥和我。

Nǚ: Nǐ Néng bāng wǒ ná yíxià zhèxiē shū ma?
5. 女：你能帮我拿一下这些书吗？
Nán: Hǎo de. Yào nádào nǎlǐ?
男：好的。要拿到哪里？

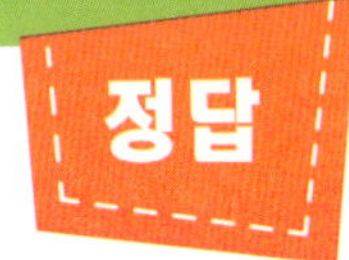

Nǚ: Nádào jiàoshì.
女:拿到教室。

Dì-èr bùfen
第二部分

Yígòng4 gè tí, měi tí tīng liǎng cì.
一共4个题，每题听 两 次。

Xiànzài kāishǐ dì 6 tí:
现在开始第6题：

Nǚ: Tā shì zuò shénme qù Shànghǎi de?
6. 女:他是坐什么去上海的？

Nán: Tīngshuō shì zuò fēijī qù Shànghǎi de.
男:听说是坐飞机去上海的。

Nǚ: Nǐ xǐhuan kàn lánqiú bǐsài ba?
7. 女:你喜欢看篮球比赛吧？

Nán: Xǐhuan kàn, búguò wǒ yě xǐhuan kàn zúqiú bǐsài.
男:喜欢看，不过我也喜欢看足球比赛。

Nán: Nǐ zuò de cài zhēn hǎochī, néng jiāo wǒ ma?
8. 男:你做的菜真好吃，能教我吗？

Nǚ: Kěyǐ. Búguò, nǐ yào bāngzhù wǒ mǎi cài.
女:可以。不过，你要帮助我买菜。

Nán: Xiǎomíng zhèngzài zuò shénme ne?
9. 男:小明正在做什么呢？

Nǚ: Tā zài wán yóuxì ne.
女:他在玩游戏呢。

Dì-sān bùfen
第三部分

Yígòng3 gè tí, měi tí tīng liǎng cì.
一共3个题，每题听 两 次。

Xiànzài kāishǐ dì 10 tí:
现在开始第10题：

Nǚ: Zhōngwǔ nǐ chīle shénme?
10. 女:中午你吃了什么？

Nán: Chīle yí kuài dàngāo hé yì bēi guǒzhī.
男:吃了一块蛋糕和一杯果汁。

Wèn: Nánhái zhōngwǔ chīle shénme?
问:男孩中午吃了什么？

Nǚ: Nǐ juéde zhè tiáo kùzi zěnmeyàng?
11. 女:你觉得这条裤子怎么样？

Nán: Wǒ juéde zhè tiáo kùzi yǒudiǎnr cháng.
男:我觉得这条裤子有点儿长。

Wèn: Nán de juéde tā de kùzi zěnmeyàng?
问:男的觉得他的裤子怎么样？

Nǚ: Zhè yú zhēn búcuò, zěnme mài?
12. 女:这鱼真不错，怎么卖？

Nán: Yì tiáo sānshíwǔ kuài.
男:一条三十五块。

Nǚ: Wǒ juéde guì yìxiē, néng piányi diǎnr ma?
女:我觉得贵一些，能便宜点儿吗？

Nán: Hǎo de, yì tiáo sānshí kuài ba.
男:好的，一条三十块吧。

Wèn: Tā shì duōshao qián mǎi de yì tiáo yú?
问:她是多少钱买的一条鱼？

Tīnglì kǎoshì xiànzài jiéshù.
听力考试现在结束。

모의문제 [2] 정답

一、听力

第一部分

1. × 2. × 3. × 4. √ 5. √

第二部分

6. D 7. A 8. B 9. C

第三部分

10. A 11. B 12. A

二、阅读

第一部分

13. B 14. E 15. D 16. C 17. A

第二部分

18. B 19. D 20. A 21. C 22. E

第三部分

23. √ 24. × 25. × 26. √ 27. √

MEMO

MEMO